영어
공부머리
Change
Up

영어로 생각하고 말하는 초등 아이들의 일류 영어 비법

영어 공부머리 Change Up

초판 1쇄 인쇄 2021년 7월 30일
초판 1쇄 발행 2021년 8월 6일

지은이 김진희(Kate Kim)

발행인 백유미 조영석

발행처 (주)라온아시아
주소 서울특별시 서초구 효령로 34길 4, 프린스효령빌딩 5F

등록 2016년 7월 5일 제 2016-000141호
전화 070-7600-8230 **팩스** 070-4754-2473

값 14,500원
ISBN 979-11-91283-71-6 (13370)

라온북은 독자 여러분의 소중한 원고를 기다리고 있습니다. (raonbook@raonasia.co.kr)

영어로 생각하고 말하는 초등 아이들의 일류 영어 비법

영어 공부머리 Change Up

김진희(Kate Kim) 지음

RAON BOOK

영어 학습에
올바른 방향을 제시하다

나는 디즈니 영화를 보면서 아이들의 꿈과 창의력을 자극하는 온갖 요소들에 감탄하곤 한다. 이제 동심과는 거리가 먼 나이가 되었음에도 디즈니 영화들은 나를 단숨에 여덟 살 꼬마로 되돌려 놓는다. 나는 그중에서도 유독 영화 〈알라딘〉을 참 좋아해서 내가 운영 중인 영어학원의 이름도 '지니'일 정도다. 게다가 '지니'는 나의 한국 이름인 '진희'와도 기가 막히게 맞아 떨어져서 내 기준엔 정말 찰떡인 학원명이라고 생각한다.

영화 〈알라딘〉에서 알라딘이 지니에게 "네 소원은 뭔데?"라고 묻는 장면이 있다. 이 질문에 지니는 "I want to be the master of my life(나는 내 삶의 주인이 되고 싶어)"라고 답한다. 어른이 되어서 다시 마주한 이 대사는 나의 뼈를 때렸다. 주인이 원하는 것이라면 무엇이든(대부분) 다 해줄 수 있는 지니의 소원이 다름 아닌 본인 삶의 주인이 되는 것이라니! '과연 나는 내 삶의 주인공으로 살고 있나?' 라는 생각에 뜨끔했다.

다행히 우리는 모두 우리 삶의 주인이니 누군가를 master(주인)라 부르면서 살아갈 필요가 없다. 우리의 삶은 다른 누구의 것이 아닌 나 자신만의 것이다. 개인의 삶에서는 본인이 주인공이며, 다른 사람들은 모두 조연 혹은 엑스트라다.

너무 진부한 말처럼 들릴 수 있겠지만 이 사실을 알면서도 주인공으로 살고 있지 않은 사람들이 많은 것 또한 사실이다. 어쩌면 생각보다 많은 사람이 자신 안의 능력들을 간과하고 남에게 기대거나, 자신의 욕구가 아닌 남의 기대나 요구에 부응해 살아가면서 본인을 램프 안에 가두고 있는 것은 아닌지 생각해보게 된다.

나는 우리 아이들이 모두 자기 삶의 master로서 당당하게 자신의 삶을 영위하기를 바란다. 원하는 것은 무엇이든(사회에서 용인되는 것이라면) 도전해서 성취해낼 수 있고, 그 과정에서 '영어'라는 언어가 이 험난한 세상을 헤쳐나갈 수 있도록 그들을 지켜주는 든든하고 강력한 무기가 되어주기를 바란다.

어릴 때부터 영어를 매우 좋아했던 나는 정말 치열하고 독하게 영어 공부를 했고, 그 결과 영어를 자유롭게 사용할 수 있게 되었다. 영어로 된 영화, 노래, 책 등 내가 원하는 모든 정보를 편하고 자유롭게 보고, 듣고, 읽을 수 있게 되니 새로운 세계가 열린 느낌이었다. 또한, 겁도 없이 여자 혼자 30여 개국을 여행할 수 있었던 것도, 여행하며 인종차별에 맞서 싸웠던 경험도 자유롭게 영어를 사용할 수 있었기 때문에 가능했다.

나의 영어 학습은 마구잡이로 책을 읽고, 쓰고, 말해보면서 임계량(Critical Mass)을 뛰어넘어 나름 성공한 케이스다. 하지만 과거로 돌아갈 수만 있다면 과거의 나에게 '얘야, 너 정말 혼자 고생하고 있구나. 그런데 이제 내가 알려줄게. 이런 게 진짜 영어 공부야' 라고 말하고 싶은 것들이 많이 생겼다.

물론 영어가 모국어인 사람들이 도와줄 수 있는 부분과 나처럼 영어를 학습하기 위해 시행착오를 겪어가며 고군분투한 사람이

도와줄 수 있는 부분은 서로 다르다. 하지만 우리 아이들 대부분은 과거의 나처럼 한국에서 영어를 배우고 있지 않은가?

외국에 나가지 않고 제2의 언어로 '말'을 잘하고, '글'을 잘 쓰는 것은 결코 쉽지 않지만 불가능한 일은 아니다. 왜냐하면 나도 해냈기 때문이다. 솔직히 말하면 영어 노출량을 최대화하고, 올바른 방향성을 가지고, 영어 학습에 충분한 시간과 에너지를 투자한다면 누구라도 할 수 있다.

물론 영어 학습에 있어서 시간과 에너지 투자는 기본이다. 하지만 올바른 방향성이 없다면 투자한 노력과 시간 대비 효율성이 떨어질 수밖에 없다. 마치 나침반 없이 숲속을 헤매는 것과 비슷하다. 결국에는 길을 찾겠지만 너무 많은 시간을 숲속에서 허비해야 할지도 모른다. 그리고 그건 영어 학습 동기는 충분했으나 방법을 몰라 헤맸던 과거 나의 모습이다.

나는 아이들의 영어 학습에 나침반이 되어 영화 〈알라딘〉의 주제곡 'A Whole New World'의 가사처럼 아이들을 마법 양탄자에 태워 눈을 크게 뜨고 아름답게 빛나는 세상을 바라볼 수 있도록 돕고 싶다. 멋진 세상을 바로 보는 빛나는 힘도 역시 지식과 경험에서 온다. 게다가 그 마법 양탄자 위에서 안전하게 머물 수 있고, 올바른 방향으로 나아가도록 도와주는 나침반 같은 사람이 있다면 더 바랄 것이 없을 것이다.

그러려면 알라딘처럼 마법 양탄자를 타본 사람이 최적의 조력자가 될 수 있다. 'Been there, done that!' 우리 아이들이 땅 위에서 하늘 위를 자유롭게 나는 양탄자를 올려다보는 것이 아닌 그 양탄자 위에 앉아 이 멋진 세상을 내려다보며 관찰하는 그런 인재로 성장했으면 좋겠다.

모든 일이 그렇듯 올바른 방향성을 가지고 효과적인 전략을 세우는 것이 중요하다. 이 책이 아이의 영어 교육 방향성을 고민하는 학부모들, 영어 교육을 하는 선생님들 그리고 영어 교육 방향성을 스스로 고민하는 사람들에게 나침반이 되어주길 바란다. 또한 이 책을 읽는 독자들이 영어 교육 및 학습에 대한 확실한 방향성을 가지고 수많은 정보와 '카더라'에 흔들리지 않고 '일류 영어'의 길을 묵묵히 걸어갈 수 있는 힘을 얻게 되길 바란다.

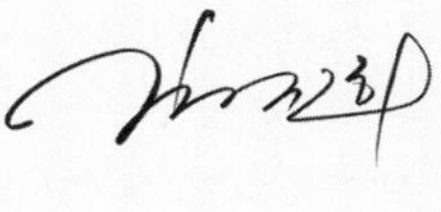

1장 일류 영어, 이것이 핵심이다

2 장 배경지식 Change-Up

3장 말하고 쓰기 Change-Up

4장 문법과 단어 Change-Up

5장 똑똑하고 야무지게 영어학원 활용하는 법

1장

일류 영어
이것이 핵심이다

미래에는 새로운 영어 능력이 필요하다

로봇이 다 한다

요즘엔 식당에 가면 로봇이 음식을 가져다 주며 맛있게 먹으라는 멘트도 던져주고, 공항에선 로봇이 여기저기 돌아다니며 길을 안내해주기도 하며, 집 안에서 사람 대신에 바닥 청소를 해주기도 한다. 여담인데, 어떤 로봇청소기는 거실 청소를 하다가 열린 현관문을 통해 밖으로 나가서 엘리베이터를 타고 내려가 동네를 다 청소하고 있었다고 한다.

아울러 집 안에 누워 있으면 손가락 하나도 까딱하기 귀찮을 때가 있다. 그럴 때 "불 좀 꺼줘"라고 말만 하면 집 안의 조명이 꺼진다. 말 한마디만 하면 언제든 귀찮아하지 않고 TV 채널도 바꿔주고 음악도 켜고 꺼준다. 가상현실 프로그램을 통해서 실감 나는 게임을 할 수 있는 것은 물론이고, 먼저 떠나보낸 가족을 만나보기도 한다.

그리고 직접 운전하지 않고도 자율주행차를 타고 여행을 떠날 수 있게 되었다. 차 안에서 영화를 보거나 책을 읽거나 수다를 떨면서 하고 싶은 건 뭐든지 할 수 있다. 자율주행차가 알아서 목적지까지 운전하고 주차까지 완벽하게 해줄 테니까 말이다. 또한 사람이 접근하기 어려운 화재 현장에 드론을 띄워 불을 끄고, 사람 대신 드론이 집집마다 편지와 물건들을 배달해준다.

만약 사람을 태울 수 있을 만큼의 큰 드론이 있다면 택시 대신 드론을 타고 하늘을 날아다닐 수 있겠다는 생각도 해보게 된다. 학교에서 학원으로 아이들을 픽업해야 하는데 사정이 여의치 않은 부모들이 많다. 안전만 보장된다면 그들에게 드론 픽업은 하나의 기적이 아닐까?

지금 있는 곳에서 바로 당장, 나의 큰 수고로움 없이 사실상 대부분의 상황을 해결할 수 있는 세상이 온 것이다. 이렇듯 4차 산업 시대가 오면서 많은 것들이 변화되고 있다. 교육도 마찬가지다. 특히 한국에서의 영어는 문제만 잘 풀면 됐다. 문제를 잘 풀어서 높은 성적을 받고, 그렇게 좋은 대학에 입학하고, 공인 점수를 높게 받아서 좋은 기업에 취직하면 되는 것이었다. 그러고 나면 영어를 말하거나 쓸 일은 거의 없었기 때문에 먹고사는 데 지장이 없었다.

하지만 모두가 알다시피 이제 영어는 과목이라기보다 언어로서 습득해야 하는 것이 되었다. 따라서 영어 학습의 목표가 '의사소통'이란 것은 당연하다. 그런데 이제는 이것도 달라졌다. 의사소통도 번역기와 통역기 등 로봇이 다 하는 시대가 된 것이다.

물론 문맥을 이해하지 못하고 엉뚱한 대답을 하게 되는 한계는 있다. 예를 들어 어떤 사람이 비꼬면서 "뭘 봐(What are you looking at?)?"라고 한다면, 로봇은 아마도 "I am looking at…"으로 시작하는 답변을 내놓을 것이 분명하다. 비슷한 예로 누군가 실수로 상대방 옷에 물을 쏟았다고 해보자. 이런 상황에서 물벼락을 맞은 사람이 화가 난 표정으로 "Thank you"라고 말하면 로봇은 "You're welcome"이라는 답변을 내놓을 것이다. 하지만 인간은 미안하다고 해야 한다는 걸 상대의 표정을 보고 알 수 있다.

다시 말해 4차 산업 시대가 요구하는 영어는 의사소통 그 자체가 아니라 '의사소통을 통해 얻어지는 개인화된 콘텐츠'임이 틀림없다. 수많은 정보의 홍수 속에서 비판적 사고를 통해 사실에 부합하는 지식을 걸러내어 창의력과 개인적 경험을 더하고, 효율적인 정보처리를 통해 결국에는 나에게 필요한 콘텐츠로 만들어내는 것. 이 모든 과정을 모국어뿐만 아니라 영어로도 해낼 수 있도록 하는 것. 그리고 이 모든 것을 목표로 하는 영어 공부, 그것이 4차 산업 시대에 걸맞은 영어 학습의 목표다.

로봇을 이길 확률이 몇일까?

앞으로 많은 직업군이 사라지고 그 자리를 인공지능(AI), 사물인터넷(IOT), 자율주행차, 드론, 3D프린팅, 가상현실(VR) 등이 대체하게 될 것이다. 그만큼 그 어느 때보다 '대체 불가능한 인력'이 된다는 것이 매우 중요해졌다. 이제는 '성실함'이나 '꼼꼼함' 같은 것은 별로 중요하지 않은 단어가 됐다. 기계가 누구보다 성실하고 꼼꼼하니까 말이다. 단순한 계산이나 지식 습득도 사람이 하지 않아도 된다. 그러니 이제 로봇이 하지 못하는 일을 찾아 그 능력을 계발할 시기가 왔다.

일본의 교육개혁 실천가로 주목받고 있는 후지하라 가즈히로는《10년 후, 우리 아이의 직업이 사라진다》(이혜령 옮김, 21세기북스, 2018)에서 인간이 살아가는 힘은 세 가지로 구성되는데, 정보처리 능력과 정보 편집 능력, 기초적 인간 능력이라고 했다.

저자에 따르면 정보처리 능력은 단순히 지식이나 기능을 습득하는 것이고, 정보 편집 능력은 사고력, 판단력, 표현력을 활용하는 것이며, 기초적 인간 능력은 스포츠나 예술, 동아리 활동을 일컫는다. 돌이켜보면 그동안 우리는 '정보처리 능력'에만 집중해왔고 이제는 그것만으로는 충분하지 않은 시대가 왔다.

앞으로 단련해야 하는 것은 정보 편집 능력이다. 이 능력은 커뮤니케이션 활용 능력, 논리적 사고 능력, 시뮬레이션 활용 능력, 롤플레잉 활용 능력, 프레젠테이션 활용 능력 등을 포함하고 있다. 앞으로는 '정답이 없는' 세상에서 지혜롭고 창의적인 '해답'을 만들어가는 힘이 있는 사람만이 이 험난하고 변화되어가는 세상을 살아나갈 수 있을 것이다.

기계는 특정 분야의 데이터를 축적하여 고도화시킬 수 있지만, 인간은 받아들인 데이터를 자기 방식으로 이해하고 재구조화해서 더 효율적으로 제시해낼 수 있다. 이 능력을 개발하지 않는다면 인간이 로봇을 이길 확률은 거의 없다고 봐도 무방할 것이다.

로봇과 겨뤄야 한다니 자존심 상해

언어도 마찬가지다. 로봇에게 언어를 가르쳐보면 정보수집과 처리에 최적화된 로봇은 아마 단기간에 습득해낼 것이다. 예컨대 에이브러햄 링컨(Abraham Lincoln)의 일대기를 사람과 로봇에게 동시에 가르쳤다고 해보자. 그와 관련된 문제를 낸다면 로봇은 한 치의 오차도 없이 정답을 골라낼 것이다.

하지만 만약에 '당신이 만약 링컨이 살던 시대에 살았다면 당신은 링컨을 지지할 것인가? 그 이유는?' 이와 같은 주제로 글을 쓰거나 의견을 말해본다고 가정해보자. 아니면 링컨을 암살했던 존 윌크스 부스(John Wilkes Booth)의 역할과 링컨의 역할을 맡아 서로 롤플레잉을 해본다고 가정해보자. 마지막으로는 배운 내용과 자신의 의견을 더해 그의 일대기에 관해 설명하고 그의 업적에 대한 개인적 평가를 해본다고 가정해보자.

과연 누가 더 잘 해낼 수 있을 것인가? 자녀가 앵무새처럼 듣고 읽은 것들만 반복해서 말하는 인간으로 성장하길 원하는가? 아니면 자신의 지식을 스스로 재구성하고 의견과 생각을 더해 논리적으로 표현할 수 있는 인재로 자라길 원하는가? 지식을 있는 그대로만 소화하는 사람들은 4차 산업 시대에서 반드시 도태될 것이다.

문제 풀이가 아닌 통합적 사고에 의한 문제해결력

4차 산업 시대가 요구하는 인재의 역량은 문제 풀이가 아닌 문제해결력이다. 영어뿐만 아니라 모든 공부의 방향과 초점은 이미 문제해결력을 기르는 쪽으로 향하고 있다. 모국어뿐 아니라 제2외국어도 마찬가지로 단지 읽고 요약하는 방식이 아니라 읽고 자기 것으로 재해석하는 문해력을 표방한다.

AI가 아무리 훌륭해도 아직은 인간을 따라잡기엔 역부족인데, 이는 하나의 AI는 하나의 기능에만 최적화되어(deep-learning) 있기 때문이다. 소리에 반응하여 명령을 따르는 AI도, 정보를 수집하는 AI도 해당 기능만 잘 수행할 수 있다.

반면 인간은 정보를 수집과 동시에 내용을 개인화하는 멀티플레이가 가능하다. 또한 그것에 자신의 경험이나 생각을 더해 더 풍부한 지식 그물을 짤 수 있다. 따라서 그 자료들을 통합적으로 이해하여 자신의 말과 글로 표현할 수 있다. 이것이야말로 로봇과 겨룰 필요가 없는 인간 고유의 능력이다. AI는 결국 인간의 창조물이며, 인간의 삶을 편리하게 하는 '도구'의 역할을 하는 데 최적화되어 있다. 그리고 인간은 그 도구를 잘 사용하면 되는 것이다.

나는 이 책을 통해 4차 산업 시대에 걸맞은 정보 편집 능력과 인간 고유의 능력을 키우고 공부 머리를 전면적으로 체인지업(Change-Up)하는 방법을 소개하고자 한다.

내용 이해 끝?
그럼 이제 말해봐!

리딩의 핵심은 생각의 깊이다

어떤 내용을 듣거나, 읽고, 그것을 말이나 글로 표현해보라고 하면 대부분의 학생들은 그 자리에서 굳어버린다. 어떤 친구들은 한두 단어쯤 뱉어낼 수 있고, 더 용기가 있는 친구들은 몇 문장까지도 표현할 수 있으나 그마저도 두서가 없다. 어떤 정보를 들었을 때 본인 스스로 재구성할 능력이 없으면 이렇게 된다.

애초에 듣거나 읽은 내용이 두서가 없다면 정리하기가 쉽지 않은 것도 맞지만, 우리 아이들이 배우는 텍스트는 학습을 위한 것들이라 사실상 아주 논리적으로 잘 정리되어 있다. 그럼에도 문제 해결은커녕 당최 뭐라는 건지 알기 어렵다는 친구들도 많다.

이렇듯 본인이 읽은 자료의 내용을 스스로 표현하는 것은 생각보다 복합적인 과정을 거쳐야 하기 때문에 지식의 재구성 그리고 그것을 자신의 말과 글로 풀어내는 연습이 필수다. 책만 많이 읽는다고 독해력이 좋아지는 것은 아니다. 독해력은 생각의 깊이를 말한다. 그렇다면 생각의 깊이는 어떻게 깊어지는가? 간단하다. 생각을 하면 된다.

그런데 유감스럽게도 대부분의 요즘 아이들은 생각이란 것을 도통 하려 하지 않는다. SNS에 쏟아지는 글만 봐도 그렇다. 의식의 흐름에 따라 단문으로, 몇 개의 단어로 자신의 기분이나 생각을 제대로 정리하지 못한 채로 표현한다. 이런 것에 익숙해진 사람이, 공식적인 자리에서 잘 다듬어진 문장을 내뱉기는 쉽지 않을 것이다. 또한 긴 호흡의 글을 읽어내는 능력이 부족해서 글의 길이가 조금 길어지면 흥미를 잃어버린다.

사실 본인의 하루에 대한 짧은 코멘트나 자신의 기분을 설명하는 것이라면 크게 문제가 없다. 그런데 언제까지 그런 글만 쓰고 그런 말만 하며 살 수 있는가?

지식의 그물망은 마인드맵으로

정보수집 능력과 정보처리 능력이 뛰어난 로봇을 이기는 방법은 지식의 개인화를 통해 지식 그물망을 짜고, 그것들을 논리적으로 표현하는 방법을 배우는 것이다. 그리고 개인화된 지식 그물을 보면서 '직접 말해보고 써보는 것'이 최고의 방법이다. 그러나 처음부터 잘 말하고 잘 쓸 수 없을 테니, 적절한 피드백을 받으면서 능력을 계발해야 할 것이다.

외부로부터 받은 정보를 정리하는 방식으로는 마인드맵이 가장 적절하다. 나는 초등학생 때 마인드맵 관련 책을 읽어본 적이 있는데, 그 당시로서는 사실 정말 흔치 않은 도구였다. 흥미로워서 여러 번 시도해봤으나, 이것도 훈련과 지속적인 연습이 필요했다. 내가 처음 영어를 쓰고 말할 때 가이드라인이 없었던 것처럼, 마인드맵을 처음 만들 때도 마음 가는 대로 했다. 주제가 되는 꼭지도 마찬가지였다. 결국 이게 맞는 건지 틀린 건지 확인할 방법이 없어 어느 순간 마인드맵 그리기를 그만두었다.

이후 성인이 되어 다시 마인드맵에 관한 공부를 시작하게 되고, 아이들을 가르치기도 하면서 느낀 것은 사실상 정확한 답이 없다는 것이다. 정답이 없는 이 세상에 단 하나의 답이 어디 있겠는가? 자신의 논리에 맞게 설명하면 그게 답이다. 물론 더 효율적으로 정리하는 방법은 있고, 그건 배우면 된다.

먹이사슬을 예로 들어보자. 먹이사슬이란 생물들이 서로 먹고 먹히며 유기적으로 연결되어 있다는 것인데 이 과정에서 생산자와 소비자를 배우고 초식동물, 육식동물, 잡식동물이 있다는 것도 배우게 된다. 토끼는 풀을 뜯어먹고 살고 상위 포식자인 사자가 토끼를 잡아먹고, 사자가 죽으면 남은 뼈와 살은 다시 땅으로 돌아가 생산자인 식물에 영양을 공급해주게 된다. 그래서 모든 생물은 다 연결되어 있다는 것이다.

또한 초식동물들의 이빨은 대부분 평평하고 넓적한데, 이는 식물을 갈아먹기(grind) 위해서다. 반대로 육식동물들의 이빨은 다른 동물의 살을 뜯어 먹어야 하니 날카롭다. 잡식동물들은 이 두 가지 유형의 이빨을 다 가지고 있다.

초등학교 고학년이라면 이 정도는 모두 알고 있다. 아이들은 대개 이 같은 내용을 모두 배우고도, 배운 내용을 이야기해보라고 하면 초식동물 이야기를 했다가, 생산자 이야기를 했다가 갑자기 육식동물 이야기를 했다가 두서없이 배운 내용을 나열한다. 이럴 때 마인드맵이 필요하다.

본인 논리에 맞게 내용을 정리해놓아야, 그것을 이야기할 때도 의식의 흐름이 아닌 자신만의 논리의 흐름에 따라 잘 정리해서 제시할 수 있다. 순서도 정해져 있지 않다. 본인이 정한 것이 순서고, 그게 잘 맞아 들어가면 그게 논리적인 말하기며 쓰기다.

아래 그림은 먹이사슬을 배우고 나서 그리는 마인드맵의 한 예

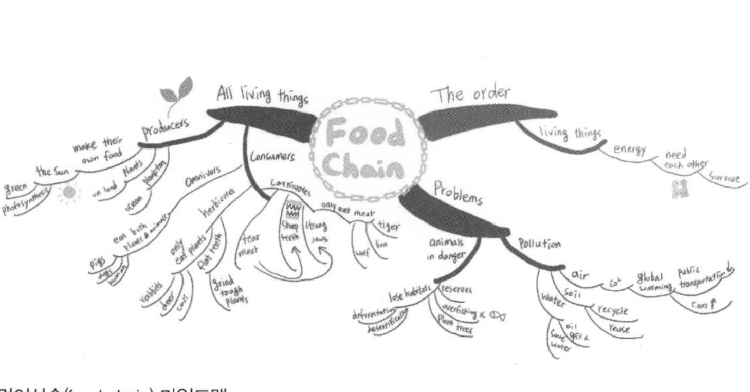

먹이사슬(food chain) 마인드맵

다. 우선 가운데 핵심 주제를 적는다. 여러 가지 색을 활용해 입체적으로 그리면 더 좋다. 가운데 토픽을 두고, 어떻게 구조화할 것인지 고민하고 메인 가지들을 그려 넣는다. 그리고 꼭지에는 긴 문장으로 쓰지 않는 것이 좋다. 키워드로만 정리해야 한눈에 파악하기 좋기 때문이다.

먹이사슬 마인드맵에서의 첫 번째 꼭지(오른쪽 상단)는 먹이사슬의 정의를 나타낸다. 모든 생물은 살아남기 위해 서로 에너지를 주고받는다. 그 과정에서 약육강식에 따라 누가 누구에게 에너지를 주는지가 정해지게 되는데 그러한 '순서(order)'를 담아낸 것이 바로 먹이사슬이다. 어떤 순서인지를 추가 설명하기 위해 바로 그 뒤에 작은 가지가 더해진다.

두 번째 꼭지(왼쪽 상단)는 생물들을 구분한다. 두 번째 꼭지의 핵심 단어는 생물(living things)이며 이 생물들은 생산자(producers)와 소비자(consumers)로 다시 나뉜다. 생산자는 태양 에너지를 활용하여 스스로 녹색 먹이를 만들어낸다. 이 과정은 광합성(photosynthesis)이라 불린다. 이 과정 또한 서로 다른 가지로 연결되어 있다.

소비자는 스스로 먹이를 생산해낼 수 없고, 다른 생물들로부터 에너지를 얻어야만 하는 생물들이다. 소비자는 주 먹이에 따라 다시 세 종류의 서로 다른 가지, 초식동물(herbivore), 육식동물(carnivore), 잡식동물(omnivore)로 나뉜다. 육식동물은 다른 동물을 먹이로 해서 에너지를 얻으며, 따라서 날카로운 이빨과 강한 턱을 가지고 있다. 그리고 육식동물의 예시도 소가지로 뻗어 있다.

초식동물은 생산자인 식물들을 먹이로 하고 있고, 강한 풀을 씹어 먹기 위해 평평한 이빨을 가지고 있다. 초식동물에 대한 예시 또한 아래 가지로 구성되어 있다.

잡식동물은 사람이나 곰, 개, 고양이처럼 식물과 동물을 둘 다 에너지원으로 취하는 생물들이며, 마찬가지로 추가 설명을 위해 예시 가지가 뻗어있다. 마지막 꼭지(오른쪽 하단)에서는 이 생물들이 처한 문제들에 관해 다루고 있다. 환경오염의 종류(토양, 수질, 공기)로 나뉘고, 그 문제의 원인에 대해 소가지가 만들어져 있다. 또 다른 가지는 위험에 처한 동물들이며, 동식물 보호구역, 오버 피싱(필요한 양보다 많은 물고기를 잡는 것)하지 않기, 나무 심기 등 생물들을 어떻게 도울 수 있는지에 관한 방법으로 가지가 형성되어 있다.

지식을 재구성하고 확장하자

지금 예로 보여준 마인드맵은 초등학생이 만들었다. 아이들도 충분히 마인드맵을 만들 수 있는 것이다. 처음엔 어렵게 느껴질 수도 있지만 경험이 쌓일수록 더욱더 세분화하며 효율적인 방식으로 마인드맵을 만들 수 있게 된다. 그렇다면 마인드맵을 잘 그릴 수 있는 방법은 무엇일까?

우리는 독해 문제를 잘 풀기 위해 문제를 잘 푸는 사람들의 논리를 배운다. 그리고 글을 잘 쓰기 위해 글을 잘 쓰는 사람들의 글을 읽어보며, 말을 잘하기 위해 말을 잘하는 사람들의 말을 많이 들어본다. 이처럼 마인드맵도 잘 그려진 마인드맵을 자꾸 보면 된다.

내가 운영하는 학원에서는 마인드맵을 수업 시간에 적용하고 있기 때문에 선생님들도 마인드맵에 관한 교육을 받아야 한다. 대부분의 부모님들은 마인드맵이란 것을 들어봤고, 좋은 도구라는 것은 알지만 지식을 정리할 때 활용해본 경험이 별로 없다. 그래서 아이가 마인드맵을 그려오라는 숙제를 받아오면 아이와 함께 머리 싸매며 고민한다. 좀 더 깨어 있는 부모님들은 마인드맵과 관련된 도서를 구매해 공부하기도 한다.

성인 중에도 마인드맵이라는 도구가 익숙하지 않은 사람들이 많다. 마인드맵에 관한 훈련을 많이 받은 사람은 그 어떤 사람들보다 지식을 잘 재구성해낼 수 있다. 그리고 이건 사회, 과학, 예술, 인문 그 어떤 분야의 지식이라도 자신의 것으로 만들어낼 수 있는 훌륭한 도구이자 무기가 된다. 나는 아직은 많은 사람이 가지고 있지 않은 이 무기를 모두가 갖게 되기 전에 먼저 쟁취해내야 한다고 생각한다.

말하기·쓰기
멍석 깔아주기

구슬이 서 말이어도 꿰어야 보배다

마인드맵을 다 그려도 그것을 그냥 모아둔다면 아무 소용이 없다. 아무리 좋은 도구라도 활용하지 않으면 무용지물이다. 그걸 활용해서 말하고, 쓰는 연습을 해봐야 한다. 그런데 그걸 들어주거나 읽어주는 사람이 없으면 소용이 없다. 그래서 나는 들어주고 읽어주는 역할을 한다. 사실 이건 학원이 아니어도 된다. 집에서 부모가 직접 들어주면 된다. 하지만 대부분의 부모는 아이에게 계속 문제 풀이만을 재촉하고 답이 틀리면 채근한다.

물론 문제를 잘 푸는 것은 중요하다. 그런데 '리딩 스킬'은 고학년이 되고 중·고등학생이 되면 어차피 많이 연습하게 될 부분이다. 그때가 되면 마인드맵은 그릴 시간도 없다. 그래서 초등학교 때 반드시 연습해야 하는 것이다. 마인드맵 연습이 잘된 아이들은 긴 지문을 읽으면서도 자동으로 머릿속에 마인드맵을 그려낸다.

그렇게 내용 정리가 되면 문제 푸는 건 사실 그렇게 어려운 일이 아니다. 리딩 스킬은 단기간에 습득될 수 있지만 배경지식을 쌓는다든가 지식을 재구성하는 능력은 시간이 많이 필요하다는 것을 기억해야 한다.

말하며 스스로 논리를 습득하다

아이들은 논리와 맞게 잘 말하고 있는지 여부를 자신의 마인드맵을 보며 알게 된다. 초반에는 방향을 잃지 않도록 지도가 필요하지만, 연습이 거듭되면 스스로 수정해서 말할 수 있게 되고, 나중에는 누구의 도움이 필요 없을 정도로 내용을 잘 설명할 수 있게 된다. 마인드맵은 스크립트와는 완전히 다른 매개다. 스크립트를 외워서 말하면 중간에 단어 하나만 기억이 안 나도 머릿속이 하얘지며 당황하게 된다. 그러나 마인드맵은 그림과 핵심 단어들로 채워져 있다. 핵심 단어들을 보면서 준비된 이야기를 만들어가는 것은 연습이 수반된다면 어렵지 않은 일이다.

앞서 말했던 먹이사슬 마인드맵으로 예를 들면, 먹이 사슬의 정의가 적힌 첫 번째 꼭지(오른쪽 상단)에는 order, living things, energy, need each other, survive가 쓰여 있다. 이 키워드들을 연결해서 Food chain is the order of how one living thing gets energy from another living thing. All living things need each other to survive와 같은 식으로 기본 동사 정도만 추가하면

설명이 가능해진다. 왼쪽 상단에 있는 큰 꼭지는 모든 생물들(all living things)이며 이 가지는 생산자(producers)와 소비자(consumers)로 나뉜다. 이 세 꼭지를 설명하려면 All living things are either producers or consumers로 키워드를 이어주면 된다. producer의 꼭지는 생산자의 정의를 설명하는 가지와 육지 위의 식물과 바다의 플랑크톤으로 나뉘며, consumer의 꼭지도 주 먹이의 종류에 따라 육식동물, 초식동물, 잡식동물로 나뉜다. 이것들 또한 키워드 중심으로 다음과 같은 영어 문장으로 만들어낼 수 있다.

Producers are living things that use the Sun's energy to make food. Consumers are divided into three different groups depending on what they eat. They are carnivores, herbivores and omnivores.

생산자는 태양에너지를 사용해서 먹이를 만들어내는 생물이다. 소비자는 주 먹이에 따라 육식동물, 초식동물, 잡식동물 이렇게 세 개의 서로 다른 그룹으로 나뉘어진다.

이렇듯 말하기 전에 준비가 잘 되었는지의 여부는 큰 차이를 만들어낸다. 본인이 잘 알고 있는 것도 막상 설명하라고 하면 횡설수설할 수 있다. 그런데 전혀 모르는 것을 설명해내라고 할 때는 더욱더 당황할 수 있다. '뭐 대충 이런 거 아니었나?' 하며 얼버무리게 될지도 모른다. 마인드맵이라는 도구를 활용해서 효과적으로 자신의 의견을 피력할 수 있는 인재로 거듭나야 한다.

베끼지 말고 스스로 쓰고 고쳐봐

나는 아이들이 무언가 배우고 나면 마인드맵을 그리게 한다. 그리고 그것에 기반을 두고 글을 작성하게 한다. 글을 작성할 때는 마인드맵만을 참고할 수 있도록 지도한다. 왜냐하면 영어가 모국어가 아닌 우리 아이들은 핵심 단어들을 연결하는 과정에서 문법 실수를 당연히 할 수밖에 없고, 그럴 때마다 잘못된 형태로 굳어지지 않도록 피드백을 받을 수 있어야 하기 때문이다. 텍스트를 보면서 글을 작성하게 하면 그저 문장을 보고 베끼게 되고, 그러면 그 글은 절대 내 것이 될 수 없다.

일단 핵심 단어를 활용해서 내용을 잘 정리하는 게 먼저고, 틀린 문법을 고치는 것은 나중이다. 무엇을 틀리는지 알아야 고칠 수 있다. 그렇게 정리된 쓰기 과제를 선생님께 제출하고, 틀린 부분을 피드백 받아 다시 쓰는 것, 그 과정이 매우 중요하다.

여기에서 중요한 것은 모든 것을 다 고쳐주지 말아야 한다는 것이다. 대부분 다시 쓰기(rewrite)를 제안하면 선생님이 고쳐준 것을 그대로 기계적으로 다시 쓴다. 그러면 그 학생은 본인이 무엇을 틀렸는지 모르고, 다음 글을 쓸 때도 같은 실수를 반복하게 된다. 그리고 그 잘못된 형태가 굳어져버린다. 본인이 틀렸던 것을 왜 틀렸는지 생각해보고 그걸 스스로 고쳐보는 과제가 주어져야 한다.

예를 들어 어떤 아이가 'I goed home'이라는 문장을 썼다고 한다면 바로 'went'로 고쳐주지 말자. 'goed'에 밑줄이나 동그라미를 쳐두고, 스스로 알아채서 고칠 수 있게 해주자. 물론 이렇게 한다고 해서 바로 'goed'라고 쓰지 않게 되는 것은 아니지만 두 번, 세 번 반복하면 결국 자신의 것이 된다.

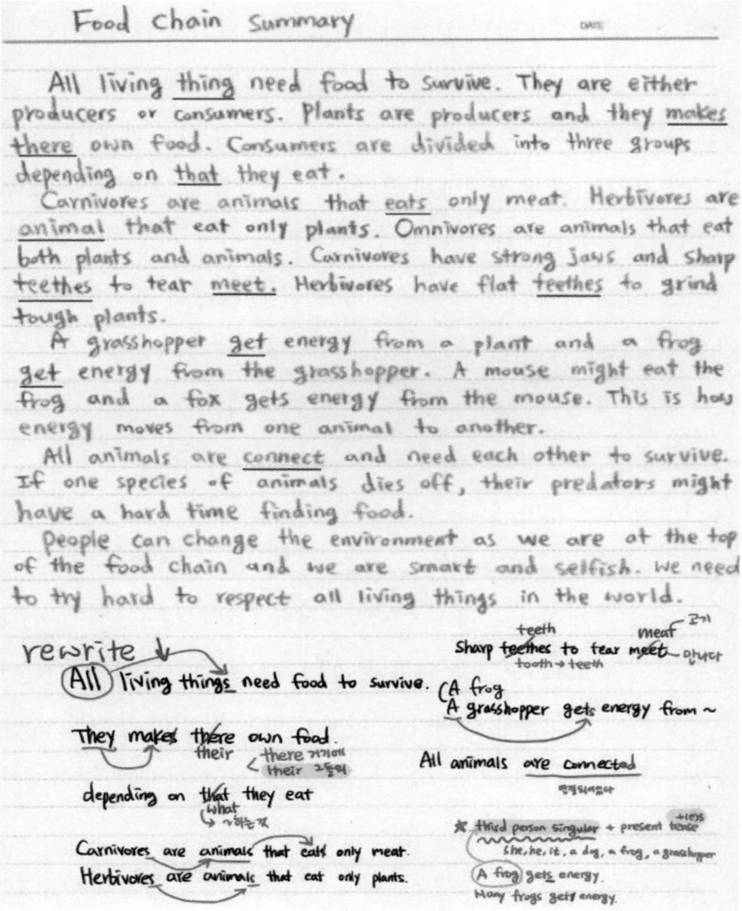
Food chain Summary

DATE

All living thing need food to survive. They are either producers or consumers. Plants are producers and they makes there own food. Consumers are divided into three groups depending on that they eat.

Carnivores are animals that eats only meat. Herbivores are animal that eat only plants. Omnivores are animals that eat both plants and animals. Carnivores have strong jaws and sharp teethes to tear meet. Herbivores have flat teethes to grind tough plants.

A grasshopper get energy from a plant and a frog get energy from the grasshopper. A mouse might eat the frog and a fox gets energy from the mouse. This is how energy moves from one animal to another.

All animals are connect and need each other to survive. If one species of animals dies off, their predators might have a hard time finding food.

People can change the environment as we are at the top of the food chain and we are smart and selfish. We need to try hard to respect all living things in the world.

rewrite

All living things need food to survive.

They makes there own food.
their
there 거기에
their 그들의

depending on that they eat
what
~하는 것

Carnivores are animals that eats only meat.
Herbivores are animals that eat only plants.

Sharp teethes to tear meet
teeth
tooth → teeth
meat 고기
만나다

A frog
A grasshopper gets energy from ~

All animals are connected
연결되어있다

★ third person singular + present tense
+(e)s
she, he, it, a dog, a frog, a grasshopper
A frog gets energy.
Many frogs gets energy.

다시 쓰기(rewrite) 피드백

생각하고 또 생각하는 힘

마인드맵으로 수업을 진행하고, 틀린 문장에 대한 rewrite 관련 피드백을 해주었으나, 아이들은 여전히 대다수가 침묵의 시간으로 빠져들기 일쑤다. 어떤 친구들은 생각이 너무 많은데 그 많은 생각들이 제대로 정리되지 않는다. 또 어떤 친구들은 생각을 좀처럼 하지 않는데 내 경험상 후자인 아이들이 더 많다. 아이들의 공통된 반응은 이렇다. "배웠으면 끝이지, 뭘 또 생각하라고요?"

그러나 나는 수업에서 생각에 생각을 거듭하게 만든다. 생각하는 힘이 있어야 리딩 스킬은 물론이고 전반적인 사고가 확장되기 때문이다. 나는 아이들을 생각하게 한 후에 "그래서, 네 생각은 뭐야?"라고 묻는다. 생각하지 않으면 생각할 수 있는 능력을 잃는다. 생각해야 생각의 깊이가 깊어지고 그게 독해력으로 이어진다. 다음과 같은 질문을 던져보자. 이 질문들은 아마도 로봇은 생각해낼 수 없는 그런 종류의 질문일 것이다.

If you were a plankton, what would your life be like?

네가 만약 먹이사슬 최하위에 있는 플랑크톤이라면 네 삶은 어떨 것 같아?

If you were a killer whale which is at the top of the food chain in the ocean, what would your life be like? Why?

네가 바다 먹이사슬의 최상위에 있는 범고래라면 네 삶은 어떨 것 같아? 왜?

We are not as strong as animals like tigers or lions. Then why do you think these weak animals, humans, are considered to be at the top of the food chain?

인간은 먹이사슬의 최상위에 있는데, 사실 그렇게 강한 존재가 아니야. 왜 인간이 호랑이나 사자보다 약한데도 먹이사슬의 최상위에 있을 수 있는지 이유를 써보자.

이런 과제가 주어지면 아이들은 매우 곤란해한다. 이런 생각을 해본 적이 없기 때문이다. 하지만 생각하는 힘도 연습을 통해 계발될 수 있다. 우리가 그토록 원하는 창의적인 아이는 결국 생각이 많은 아이이다. 처음에는 무엇을 말하고 써야 할지 몰라 당황한 기색이 역력하지만 여러 번 반복하면서 '정해진 답이 없구나', '맞고 틀리고가 중요한 게 아니구나'라는 것을 깨닫게 된다.

그러면 아이들은 자유롭게 본인의 생각을 풀어놓게 되고, 창의력 증진에도 도움이 된다. 자신이 말하고 쓰는 것이 답인 세상이다. 풍부한 배경지식을 바탕으로 논리적으로 말하고 쓰는 것, 그것이 바로 아이들에게 필요한 말하기와 글쓰기인 것이다.

배경지식, 그 이상의 글쓰기

다음은 배경지식을 배운 후, 그와 관련된 자신의 생각을 정리할 수 있는 글쓰기 과제다. 예를 들어 Supposed you are a rabbit. A hungry tiger wants to eat you. How would you convince the tiger not to eat you? 이 문제에 대한 답을 쓴다고 가정했을 때, 아래의 큰 네모칸에는 토끼가 된 자신이 배고픈 호랑이를 설득하고 있는 그림을 그리고, 그 아래에는 질문에 대한 답을 영어로 쓰면 된다. 아래 질문을 통해 연습해보자.

Q. Supposed you are a rabbit. A hungry tiger wants to eat you. How would you convince the tiger not to eat you?

너는 토끼인데, 호랑이가 너를 잡아먹으려고 해. 너는 잡아먹히고 싶지 않고, 배고픈 호랑이는 너를 잡아먹고 싶겠지? 호랑이가 너를 잡아먹지 않도록 설득해보자.

무대 공포증이 사라질 때까지

많은 사람 앞에서 발표한다는 것은 생각보다 쉬운 일이 아니다. 그렇지만 다른 많은 것들처럼 여러 번 훈련을 거듭하면 크게 어렵지 않게 해낼 수 있다. 발표를 처음 해보는 친구들은 울기도 하고, 너무 긴장해서 초점을 잃거나 목소리가 덜덜 떨리기도 한다. 심지어 영어로 해야 하는 발표라면 더 긴장하게 된다.

부모들이 발표 수업을 좋아하는 이유 중 하나는 본인들도 회사에서 프로젝트 등을 발표할 때 그런 어려움을 겪기 때문일지도 모른다. 부모들은 이러한 발표 능력이 결국 리딩 스킬보다 더 중요하다는 것을 알고 있다. 그래서 자녀가 어릴 때부터 꼭 이러한 능력이 길러지기를 바랄 것이다.

이것은 아이들이 중학교에만 진학해도 절실히 느낄 수 있다. 요즘 영어 수행평가는 보통 말하기와 쓰기다. 준비가 안 된 친구들은 수행평가 기간에 극심한 스트레스에 시달린다. 그러나 나는 내 학생들 중 그 누구도 학교 수행평가 준비를 부탁하는 걸 본 적이 없다. 이미 다 해봤기 때문이다. 말도 해본 사람이 잘하고, 글도 써본 사람이 잘 쓴다. 발표도 해본 사람이 잘한다. 경험이 없는 사람들은 멍석이 깔리는 순간부터 긴장한다. 그러나 경험해봤던 사람은 미리 준비를 하고 멍석 위에 뛰어들어 자신을 표현한다.

나는 수년간 세미나와 설명회 등을 진행했지만, 그 경험들이 무색할 만큼 아직도 무대 공포증이 있다. 그래서 스피치 학원을 등록하기도 했으나 스피치 기술을 배우며 내가 깨달은 것은 딱 하나다.

여러 가지 현란한 스피치 기술도 물론 좋지만, 그냥 무대 위에서 '나'이면 된다는 것이었다.

예전에 유독 더 긴장되는 설명회가 있었다. 그날 나의 첫 마디는 "여러분, 저 오늘 정말 떨리네요. 사실 저는 내성적인 사람이라 이런 자리가 정말 긴장됩니다"였다. 그 자리에 참석한 모든 사람이 웃었다. '매일같이 새로운 사람들을 만나서 대화하고 웃고 떠드는 사람이 내성적이라니 말도 안 돼'라고 생각하는 것 같았다.

하지만 사실이다. 나는 내성적인 사람이 맞고, 새로운 사람을 만나는 것이 편하지 않다. 그래서 늘 많은 사람을 상대하는 나는 에너지 소비가 참 많고, 매일 가면을 쓰고 일하는 것만 같다. 그날 아주 멋지게 설명회를 해냈다고 말할 수는 없지만, 확실히 긴장된다고 '선언'하면서부터 조금 덜 긴장할 수 있었다.

그날 내가 한 것은 '나는 이런 사람이다'를 인정하고 준비한 것을 차분하게 내놓으며 배웠던 스피치 기술을 조금씩 응용해보는 것이 다였다. 스피치 전문 강사들도 긴장한다고 한다. 그들도 그런데, 하물며 내가 긴장이 되는 건 당연한 일일 것이다.

물론 멍석 위에 오르기 전에 피나는 연습을 하는 것은 기본이다. 열심히 연습하고도 '내가 연습한 것처럼 잘 해내지 못하면 어떡하지? 말하다가 할 말을 잊어버리거나 버벅거리면 어떡하지?' 하는 걱정이 드는 것도 어찌 보면 당연하다. 게다가 무대 앞에 서면 우선 많은 관중의 눈에 압도되어 머릿속이 하얘지며 긴장하게 된다. 발표 전 가장 중요한 것은 호흡이다. 깊게 숨을 들이마시고 내뱉는 연습이 필요하다. 또한 아이 콘택트(eye contact) 연습이 필요한데, 너무 긴장된다면 관중들의 눈이 아닌 눈과 눈 사이의 미간을 보는 것도 도움이 된다. 실제로 미간을 보고 있어도 상대는 눈을 보는 것처럼 느끼기 때문이다.

또한 적절한 제스처(gesture)를 넣는 것도 도움이 된다. 말이 너무 빠르거나 느리지 않게 제스처를 넣어주면 한 템포 쉬어갈 수도, 속도를 높일 수도 있기 때문이다. 제자리에 서서 로봇처럼 말한다면 그것 또한 긴장감을 증폭시킨다. 자연스럽게 이동하며 서로 다른 사람들과의 아이 콘택트를 시도해야 한다. 어떤 사람들은 팔짱을 끼고 협조적이지 않은 눈빛을 보낸다. 자신의 말에 공감해주고, 응원의 눈빛을 보내는 사람을 찾아 힘을 얻는 것도 도움이 된다.

많은 사람 앞에 서는 연습을 하면서 무대 위에서도 '진짜 나'로서 말할 수 있는 기술을 터득할 수 있다. '현란한 기술로만 채운 발표'는 내가 하는 것도, 할 수 있는 것도, 아이들에게 요구하는 것도 아니다.

원어민 선생님?
없어도 괜찮아!

이 학원은 왜 원어민이 없어요?

학부모들이나 아이들이 우리 학원에 처음 오면 “이 학원은 왜 원어민이 없어요?”라고 자주 묻는다. 나는 원어민을 채용하지 않는다. 이유는 여러 가지가 있는데, 첫 번째 이유는 제2의 언어로 영어를 학습해본 사람이 최고의 선생님이 될 수 있다고 믿기 때문이다.

두 번째 이유는 미국에선 어차피 영어가 모국어이기 때문에 모든 사람들이 영어로 ‘말’은 잘하기 때문이다. 그 말이 알맹이가 있느냐 혹은 논리적인가와는 별개의 이야기다. 물론 영어 학습에 있어 원어민이 학생에게 줄 수 있는 영향력 및 장점이 있다. 그러나 내가 원하는 건 말만 잘하면 되는 그런 영어가 아니기 때문에 원어민 선생님이 필수는 아니라고 생각한다.

미국, 영국, 캐나다뿐만 아니라 뉴질랜드, 호주, 필리핀, 인도,

싱가포르에서도 영어를 사용한다. 나는 되도록 다양한 환경에서 영어를 학습해왔던 선생님들과 함께하기를 원한다. 서로 다른 환경에서 공부했다는 것은 서로 다른 경험을 학생들과 나눌 수 있다는 말도 되기 때문이다. 영어라는 도구를 잘 사용할 수 있고, 배경지식도 갖춘 인재라면 나는 국적 불문 채용할 준비가 되어 있다.

좋은 선생님이란, 운 좋게 본인의 모국어가 영어라서 영어를 잘하는 사람이 아니라 영어 학습 과정을 도와줄 수 있는 사람이어야 한다. 나는 영어를 배우기 위해 고군분투했던, 그래서 그 처절한 과정을 이해하고 있는 사람들을 원한다. 그들은 자신의 영어 학습 과정을 돌아보며 어떤 점이 어려웠는지, 어떤 것들이 제2언어로 영어를 배우는 사람들이 자주 실수하는 것들인지 정확히 알고 있는 사람들일 수밖에 없다. 과거에 본인들이 겪었던 일이기 때문이다.

아이들에게 많은 숙제를 내고 피드백을 강하게 주는 것이 오히려 아이들의 학습 동기를 꺾을 수 있다고 말하는 원어민들도 있다. 숙제도 안 내고, 늘 잘했다고 칭찬만 해주는 것은 참 쉽다. 그러나 과연 옳은 방법일까? 그들은 EFL(영어를 외국어로 배우는 환경)에서 자라지 않았기에 그렇게 느낄 수 있다. 목표가 같다고 방법이 같을 수는 없다. 그들은 영어 노출이 충분한 환경에서 자랐기 때문에 그들과 우리의 학습 방법이 같을 수도 없고 그래서도 안된다. 한국에서의 영어 공부는 즐겁게만 해서는 절대 성공적일 수 없다. 맛있는 음식을 다 먹어가며 살 빠지길 기대하는 것과 다를 바가 없다.

좋은 영어 선생님의 기준은?

좋은 영어 선생님의 기준에는 여러 가지가 있지만 다섯 가지로 설명해보고자 한다. 첫 번째는 영어 구사력에 있어서 유창성과 정확성을 갖춘 선생님이다. 원어민이 아닌 이상 완벽하지 않을 수도 있다. 그러나 연습하면 된다. 끊임없이 연습하는 사람은 이길 수 없는 법이다. 적어도 수업 시간 내에서는 완벽에 가까워야 한다.

두 번째는 '모를 수 있다는 것을 이해하는' 선생님이다. 공부를 잘해서 국제중과 외고를 거쳐 서울대를 졸업한 선생님을 고용한 적이 있다. 그의 영어는 완벽했고, 배경지식도 훌륭했다. 그러나 그는 왜 아이들이 '이해할 수 없는지'를 이해하지 못했다. '이렇게 쉬운 걸 왜 모르지? 왜 한 번 설명했는데 그걸 기억하지 못하지?'라고 생각했다. 본인에게 쉬운 것이 모두에게 쉬울 수는 없다.

이것이 내가 가장 좋은 영어 선생님은 제2의 언어로 영어를 학습한 사람이라고 생각하는 이유다. 그들은 새로운 언어를 학습하기 위해 고군분투하는 과정에서 좌절하기도 하고 성취감을 느끼기도 했을 것이다. 어느 부분이 이해하기 어려운지 알고 있고, 어떤 것이 제2의 언어로 영어를 배우는 사람들이 자주 만들어내는 오류나 실수인지 알고 있다.

세 번째는 스스로 구조화가 잘 되는 선생님이다. 이것은 어느 과목이나 마찬가지다. 어떤 지식을 받아들일 때 머릿속에서 간단하게나마 마인드맵이 그려져야 한다. 그 논리를 따라가며 수업해야 학생들이 이해하기 쉽다. 신규 강사에게 인수인계할 때 가장 어려운 점은 마인드맵이다. 한 번도 사용하지 않았던 도구이기 때문이다. 그러나 스스로 구조화가 잘 되는 사람은 빠르게 적응하고, 그렇지 않은 사람은 연습된 초등학생보다도 못한 마인드맵을 그려내기 일쑤다.

네 번째는 학생 개개인에게 관심을 가지는 선생님이다. 선생님이 아이들에게 관심이 있는지 여부는 상담을 해보면 바로 알 수 있다. 평소에 아이들의 말에 귀 기울이고, 아이들의 숙제를 체크해주는 과정에서 조금만 관심을 가지면 생각보다 훨씬 많은 것들을 알 수 있다. 그리고 선생님이 자기에게 관심이 있는지 없는지는 아이들도 다 안다. 아이들은 자신을 좋아하고 관심을 가져주는 사람에게 호감이 생기고, 그 사람의 말을 경청하게 된다.

다섯 번째는 애정으로 혼내는 선생님이다. 아이들을 가르치다 보면 숙제를 성실하게 하지 않거나 학습 태도가 바르지 않은 친구들이 있을 수밖에 없다. 강사 경력 여부를 떠나서 아이들에게 짜증내거나 화내는 선생님들이 있다. 전체 클래스에 대해서는 엄격할 필요가 있지만 개개인에게는 반드시 따뜻해야 한다.

그리고 전체 클래스 앞에서 한 친구만을 지목해 심하게 나무라는 것은 그 친구의 자존감에 상처를 만든다. 크게 혼낼 일이 있다면 교실 밖에서 혼내고 타이르는 것이 맞다. 사실 나는 무서운 선생님으로 통한다. 단, 모른다고 혼내지 않는다. 성실하지 않거나 태도가 좋지 않은 학생들을 그냥 넘기지 않을 뿐이다.

그리고 나는 평소에 연극하듯 수업하는데 소리도 지르다가 연기도 했다가 노래도 부르고 춤도 춘다. 아이들은 즐겁게 수업을 듣다가도 나에게 혼날 때는 참 무섭다고 한다. 그런데 막상 "선생님이 무서운 사람이니?"라고 물으면 그렇지 않다고 답한다. 그래서 왜냐고 물으면 선생님이 우리를 좋아한다는 사실을 알고 있기 때문이라고 한다. 나는 당연히 완벽한 선생님이 아니다. 그렇지만 적어도 아이들을 대할 때 개개인에게 애정을 느끼고 있고, 그 애정을 바탕으로 가르치고 혼낸다.

버티는 자, 누구인가?

학원 강사는 진입장벽이 낮다. 그래서 누구나 지원할 수 있는 것이 사실이다. 그렇지만 정말 제대로 된 강사는 드물고, 그 험난한 판에서 견딜 수 있는 사람만이 살아남는다.

한 번은 '원어민' 수준의 영어 구사가 가능하다는 강사님을 면접 본 적 있는데, 그녀의 토익 점수는 990점이었으며, 미국에서 초등학교와 중학교를 다녔다고 한다. 그런데 그녀는 주어진 시강(시범 강의) 자료를 보다가 갑자기 사라졌다. 그 수업을 해낼 자신이 없었던 거다. 어떤 경우엔 시강도 잘 해냈지만, 인수인계 기간에 포기하신 분들도 꽤 있었다. 마인드맵 그리기, 꼼꼼한 첨삭 및 피드백, 학생 관리 시스템에 적응하지 못해서다. 영어로 과목을 가르치고, 원서 수업을 하고, 아이들과 함께 내용을 정리해나가며, 말하고 쓰는 부분에 있어 적절하게 피드백을 줄 수 있는 것, 그것은 영어뿐만 아니라 탄탄한 배경지식, 스스로 끊임없이 훈련하며 연습해서 얻어진 grit(투지, 용기) 그리고 창의력도 필요한 일이기 때문이다.

이것은 원어민이냐 아니냐의 문제가 아니라 그 사람의 능력이다. 그래서 원어민이 있냐는 질문보다, 어떤 선생님들을 어떤 과정을 통해 채용하고 있는지를 아는 것이 더 중요하다. 나와 함께 일하는 선생님들은 부족한 나와는 달리 완벽한 이중언어 구사자들이며, 그렇게 되기까지 피나는 노력을 해왔던 사람들이다. 그들은 자신감이 넘치고, 그에 걸맞은 실력자들이다. 어떤 원어민이 와도 이들과 겨루기엔 부족하다고 생각한다.

어설픈 영어 학습의 함정에서 빠져나와라

내 자식을 가르친다는 것

엄마표 영어는 참 좋다. 아이와 함께 시간을 보내면서 영어 학습까지 챙긴다니 이보다 더 좋을 순 없다. 하지만 모든 일이 그렇듯 좋은 케이스가 있으면 나쁜 케이스도 있다. 영어 교육 현장에서 15년간 발로 뛰어보니, 사실상 늘 좋은 케이스만 있던 건 아니었다.

어느 부모님은 "내 자식은 도저히 못 가르치겠어요"라고 말한다. 아이에게 엄마가 아니라 선생님이 되는 순간, 아이와의 관계가 나빠지는 경우도 많다. "너는 왜 이걸 몰라? 왜 이걸 기억 못 해? 왜 이런 걸 자꾸 틀려? 대체 넌 누굴 닮아 이러니?" 하지만 여기서 마지막 질문에 대한 답은 본인에게 있다. 아이는 부모를 닮는다. 인정하기 싫어도 사실이다. 자길 닮은 아이에게 누굴 닮았냐고 묻는 것 자체가 모순이 아닐까?

엄마표 영어의 대표 영역은 읽기다. 흘려듣기, 집중하며 듣기 등 다양한 활동을 한다. 하지만 그 활동이 유의미하지 않은 경우가 있다. 나는 책을 읽는다는 것은 배경지식을 쌓고, 독서의 즐거움을 깨닫고 독서 습관을 길러주는 것을 목표로 삼아야 한다고 생각한다. 그렇지만 어떤 엄마표 영어는 영어책을 펴놓고 "이 단어 뭐야? 이거 뜻 몰라? 지난번에 외웠는데 왜 몰라? 문제 다 풀었어? 이 문제는 왜 틀린 거야?"라며 마무리된다. 이러면 아이들이 영어책 읽기조차 공부라고 생각하게 되고 영어 학습에 대한 흥미를 잃는다.

영어와 한국어가 모두 완벽한 아이

엄마표 영어의 적절한 예를 소개해보고자 한다. 몇 년 전 학원에 레벨 테스트를 보러 온 초등학교 2학년 남자 아이가 있었다. 여느 때와 다름없이 필기시험을 보기 전에 나와 함께 영어로 인터뷰를 진행했다. 아이 수준에 맞는 필기 시험지를 주기 위함이었다. 매우 긴장된 표정으로 상담실에 들어온 그 학생의 영어는 완벽했다. 어휘 수준도 높았고, 문법 정확도도 높았으며, 뭐 하나 나무랄 게 없었다. 아무래도 영어권 국가에서 살아본 적이 있던 친구 같았다.

가장 높은 수준의 필기 시험지를 주었고, 결과는 거의 만점이었다. 성적표를 출력하고 그 아이의 어머님과 마주 앉았다. 그 어머님의 첫마디는 이거였다. "우리 아이가 들어갈 반이 있나요?" 나는

"없어요"라고 대답했다. 표정이 어두워진 어머님은 어떻게 해야 할지 모르겠다고 말씀하셨다. 그래서 나는 "이 아이는 영어가 완벽에 가깝고, 배경지식도 풍부합니다. 초등학교 2학년인데 이 수준으로 영어를 구사할 수 있는 친구가 들어갈 수 있는 반은 현재 이곳에는 없습니다"라고 말했다. 그러자 어머님은 울었다. 나는 재빠르게 휴지를 뽑아 건넸다.

이야기를 들어보니 아이가 7살 무렵에 부모님은 이혼하게 되었고, 이혼 후 아이가 말문을 닫았다고 한다. 무슨 말이라도 했으면 좋겠는데 아이는 고개를 끄덕이거나 젓는 것 외에는 어떤 말도 하지 않았고, 그래서 간호사였던 어머님은 직장을 그만두고 아이와 함께 책을 읽으며 2년여의 세월을 보냈다고 했다. 그 시간 동안 한국어책과 영어책을 골고루 읽으면서 아이가 대답하거나 말거나 책에 관한 이야기를 하고, 본인의 생각을 말해주곤 했다고 했다. 이때 책 읽는 것 외에 단어를 외우거나 문제를 풀게 하거나 하는 것은 일체없었고, 이후 초등학교 2학년이 된 이 친구가 말문이 터진 순간 한국어와 영어가 완벽해져 있었던 것이다.

이런 것이 진정한 엄마표다. 핵심은 엄마의 관심과 유의미한 책 읽기 활동이다. 앞서 말한 경우처럼 극단적인 상황이 아니라 하더라도, 아이와 관계를 유지하며 아이의 생각을 키우고 독서 습관과 배경지식을 길러주는 것은 이 방법뿐이다. 이 아이를 원어민이 가르쳤는가? 이 아이가 단어를 많이 외우고 문법 공부를 했는가? 모두 아니다.

영어학원이 필요 없다고?

나는 어린 시절에 책을 읽고 이야기를 나눌 수 있는 대상이 없었다. 그런 대상이 엄마가 되어줄 수 있다면 참 좋을 것 같다. 아이와 함께 책 내용을 이야기하고 여러 가지 질문을 던지면서 상상의 나래를 펼치며 자유롭게 말하고 쓸 수 있게 유도한다면 자연스럽게 책 읽기의 즐거움을 알게 될 것이다.

책에 나오는 단어의 뜻을 집요하게 묻거나 문제를 내어 풀게 하지 말기를 바란다. 영어 발음이나 억양이 조금 좋지 않으면 어떤가? 아이와 역할 놀이를 하듯, 연극을 하듯 재미있게 서로 말을 주고받으며 영어로 재미있게 놀아보자. 우리말 동화책을 읽어주듯 실감 나게 읽어주고 수다 떨듯 책 이야기를 나누면 영어책 읽기에 푹 빠져들게 될 것이다. 혼자 읽고 이해하고 문제만 푸는 건 언어가 아니라 과목이다. 영어가 언어라는 것을 이제는 누구나 알지만, 아이를 가르치다 보면 '이걸 알고 있나? 저건 알고 있나?' 하고 불안해지는 것은 어찌 보면 당연하다. 그렇지만 꾹 참고 아이와의 시간을 영어책 읽기로 채운다고 생각해야 한다.

이렇게 할 수만 있다면 어떤 학원도 필요 없다. 이런 방식의 엄마표 영어가 보편화된다면 대한민국에서 영어학원은 사라지게 될지도 모른다. 내 학원이 사라져도 괜찮다. 모든 엄마가 아이들과 이런 시간을 보낼 수만 있다면 말이다.

학습에 대한 엄마의 관심이 최고

사실 나는 조기 외국어 교육에 크게 찬성하는 편이 아니다. 왜냐하면 엄마표 영어든 학원표 영어든 영어 실력의 기반은 모국어 실력이기 때문이다. 모국어 실력의 기반은 듣기와 읽기다. 그리고 이것의 핵심은 '유의미한 책 읽기 활동'이다.

부모들은 아이들이 잠이 들기 전에 옆에 앉아 책을 읽어준다. 그리고 《흥부와 놀부》, 《신데렐라》, 《미운 오리 새끼》 등의 책을 읽어줄 때 아이들에게 단어의 뜻이 무엇인지 물어보거나 책과 관련된 문제를 풀게 하지 않는다. 그 시간은 아이와 부모가 자연스럽게 책에 대해 이야기할 수 있는 진정 유의미한 책 읽기 활동이었다.

그런데 왜 영어책은 단어를 끊임없이 체크하고 문제를 풀어야 하는 것일까? 영어책을 읽고 단어의 뜻만 물어보거나, 주인공의 나이나 이름, 사는 곳 등 소소하고 의미 없는 기억력 테스트 말고, 아이가 책을 재미있게 읽는 것을 지켜봐주고, 그 과정에 참여하자.

책을 많이 읽는 아이들의 공통점 중 하나는 부모가 독서광이라는 점이다. 어린 시절부터 부모가 책을 읽는 것을 지켜본 아이들은 시키지 않아도 자연스럽게 책을 읽는다. 부모는 아이에게 유일무이한 하나의 세계다. 그리고 아이는 반드시 부모를 닮는다. 본인은 늘 TV를 보거나 휴대폰으로 쇼핑이나 게임을 하면서 아이에게 책을 읽으라고 하는 것은 모순이다.

우리 아이에게
맞는 학습법은 따로 있다

우리 아이의 학습 스타일, 좌뇌형일까? 우뇌형일까?

사람들은 서로 다른 학습 스타일을 가지고 있다. 우리는 각 학습자의 스타일을 파악해서 약한 부분을 보완하고, 강점을 극대화할 수 있는 방식을 제시해주어야 한다. 하지만 우리는 공부를 열심히 하라고만 이야기하지, 아이의 학습 스타일을 파악하거나 그에 맞는 전략을 세워주는 데는 크게 관심이 없다. 내가 강조하고 싶은 것은 특정 유형이 더 좋다거나 나쁘다는 것이 아니라 아이의 유형을 파악하면 학습 전략을 세우는 데 도움이 된다는 것이다.

장독립형과 장의존형

어떤 사람들은 자연을 볼 때 나무를 먼저 본다. 그들은 '장독립형 학습자'다. 이들은 전체적인 맥락을 파악하는 것보다는 세부 내용을 논리적으로 분석하는 능력이 뛰어나기 때문에 주어진 정보를 분해해서 본인만의 방식으로 재구성할 수 있는 유형이다. 아무리 좋은 학습 자료가 있어도 스스로 다시 풀어서 정리해놔야만 직성이 풀리는 나 같은 사람들이 장독립형 학습자다.

이들은 남이 설정한 목표가 아닌 본인 스스로 목표를 설정하고 성취해나가는 것에서 에너지를 얻고, 경쟁 구도에서 과업을 더 잘 해내는 편이다. 또한 자아가 강한 이들은 본인의 내적 동기가 가장 중요하기 때문에 외부로부터 받는 피드백에 크게 신경 쓰지 않는다. 따라서 이런 학습자들에게는 내적 동기를 유발하고, 본인이 직접 재구성한 학습 자료들을 가지고 스스로 정한 학습 목표를 수행해나갈 수 있도록 돕는 것이 좋다.

반면 어떤 사람들은 숲을 먼저 본다. 이들은 세부 내용을 분석하기보다는 대상을 전체적으로, 그리고 직관적으로 파악하는 '장의존형 학습자'이다. 어떤 자료가 주어지면 그대로 받아들이기 때문에 이들에게는 잘 정리된 학습 자료가 필요할 수 있다. 이들은 어떤 것을 지각할 때 주변 환경의 영향을 많이 받는 유형으로 대체로 EQ가 높아 사교적이고 관계 지향적인 사람들이다.

따라서 이들에게는 남을 돕거나, 협동하거나, 의사소통 중심의 학습이 더 적절하며 외부에서 오는 피드백의 영향을 많이 받기 때문에 되도록 긍정적인 피드백을 많이 주는 것이 좋다. 또한 특정 과업을 잘 수행할 수 있게 하기 위해서는 외부에서 주어지는 명확한 목표와 효과적으로 잘 정리된 학습 자료가 필요하다.

좌뇌형과 우뇌형 학습자

좌뇌형은 논리적이고 분석적으로 대상을 파악하는 사고유형으로 위에서 언급한 장독립형 학습 환경에 적합하다. 좌뇌가 언어를 관장하기 때문에 좌뇌형 학습자들은 언어 사용 능력이 뛰어난 것으로 알려져 있으며 논리적 사고, 합리적 판단 및 수에도 능하다고 한다. 지나친 장독립 및 좌뇌 학습자에게는 보다 전체적인 맥락 안에서 언어 학습을 장려하고, 무엇이든 쪼개어 이해하기 좋아하는 그들에게 언어 기능 중 두 가지 이상을 통합적으로 사용할 수 있는 학습 활동을 제시해주는 것이 도움이 된다. 예를 들어 말하기와 듣기를 같이 묶는다든가, 읽기와 쓰기를 함께 엮는 방식이다.

반면 우뇌형은 감성적이고, 직관적이며, 상상력이 뛰어난 유형으로 통합적으로 정보를 처리하는 장의존형 학습 환경에 적합하다. EQ가 높은 우뇌형 중에는 풍부한 감수성을 가진 예술가들이 많다고도 알려져 있다. 지나친 장의존 및 우뇌 학습자들은 전체적인 맥락만을 고려하다보니 세부적인 항목을 놓쳐 정확성이 떨어지는 경우가 많으므로 그런 부분적인 요소에 주목할 수 있도록 하는 연습이 필요하다.

그래서 좌뇌형과 우뇌형, 그 중 어느 쪽이 더 좋은 것이냐? 둘 다 아니다. 예를 들어 논리적인 것이 감성적인 것보다 좋은 것인가? 논리적인 아이를 꼭 감성적으로 만들어야 할 이유는 없다. 그리고 사실상 인간들은 좌뇌와 우뇌를 비슷하게 사용하고 있다고 한다. 다만 어떤 특정한 상황에서, 또 주어진 과업의 특성에 따라

두뇌 중 한쪽 뇌를 더 많이 사용한다는 것이다.

다만 굳이 좌뇌형 우뇌형을 나누어 설명하는 이유는 성향상 더 잘 맞는 학습 방법이나 방향이 있을 수 있고, 그에 맞는 전략을 고민해보는 것은 필요하기 때문이다. 내가 가장 우려하는 것 중 하나는 부모들이 아이에게 좌/우뇌 성향 테스트를 보게 한 후에 '너는 좌뇌가 덜 발달 되었구나.' 혹은 '너는 우뇌가 약하네.' 등의 말로 아이들의 가능성에 제한을 두는 것이다. 언어 학습에서도 비단 '좌뇌'만이 쓰이는 것은 아니다. 언어에서의 감정의 전달이나 상대를 배려해 어감을 바꾸는 어휘 선택 등은 우뇌가 관장할 것이며, 문장 구조나 문법의 기능은 좌뇌가 많은 역할을 하게 된다. 이렇듯 양뇌가 경쟁이 아닌 협동을 통해 시너지를 내야 한다.

숙고형과 충동형 학습자

숙고형 학습자는 체계적이고 논리적인 사고를 통해 학습하기 때문에 좌뇌형 및 장독립형 학습자들의 특성과 결을 같이 한다. 아이가 책을 읽다가 모르는 단어가 나오면 다음 문장으로 잘 넘어가지 못하고 끙끙대는가? 그렇다면 이 아이는 숙고형일 가능성이 크다. 이들은 어떤 과제를 해결하는 데 시간이 오래 걸리지만, 말 그대로 심사숙고하기 때문에 오류는 적은 편이다. 오류가 적다는 것은 좋지만 안타까운 점은 대부분의 시험은 주어진 시간 내에 풀어내야 한다는 것이다.

충동형 학습자는 직관적으로 특정 대상을 파악하고 문맥을 통해 유추하기 때문에 우뇌형 및 장의존형 학습 유형과 비슷한 점이 많다. 아이가 책을 읽으면서 모르는 단어가 나와도 문맥으로 대충 이해하며 페이지를 쓱쓱 넘기면서 빨리 읽는 편인데, 다 읽은 후에 무슨 내용이었냐고 물으면 틀린 대답을 하는 경우가 많은가?

그렇다면 충동형일 가능성이 높다. 이들은 신속하게 과업을 수행하지만 오류가 많을 수 있다. 너무 충동형이라면 숙고형 학습자의 방식을 훈련할 수 있도록 지도하면 되고, 숙고형이라 어떤 과업을 수행하는데 너무 시간이 오래 걸린다면 충동형 학습자의 장점을 훈련하면 된다.

학습 과정에 맞는 전략을 세워주자

사람마다 각기 성격과 생김새가 서로 다르듯 학습 스타일도 각기 다르기 때문에 "너는 왜 문제를 풀어내는 데 이렇게 시간이 걸리니?", "너는 왜 전체 내용 파악은 잘하는데 세부 내용을 보지 못하니?"라고 윽박지를 필요가 없다. 아이는 그냥 그 스타일을 가지고 태어난 것일 뿐이다. 아이가 너무 충동적으로 학습한다면 정확한 근거에 의해 추측을 할 수 있는 방법을 알려주어야 한다. 또한 너무 심사숙고하는 아이들은 언어 사용 시 오류를 두려워하는 경우가 많으므로 틀릴 걱정을 너무 하지 말고 위험 시도(risk-taking)를 할 수 있도록 유창성에 초점을 맞추는 것이 필요하다.

서로 다른 학습 스타일을 가진 사람들은 특정 과제를 해결하기 위해 선택하는 전략도 서로 다르다. 따라서 학습자의 스타일을 확인하고 필요한 학습 전략을 제시해야 하는데 학교나 학원에서는 일대일로 개인 학습 스타일에 맞는 교수법을 제시하기가 현실적으로 어렵다. 그러니 부모의 할 일은 아이의 스타일을 파악해서 그에 맞는 학습 전략을 세워주는 것이다. 이런 작업을 통해 비로소 아이는 서서히 교사나 부모로부터 독립되어 자기주도적인 학습이 가능하게 된다.

부모의 관심은 넘쳐서도, 모자라서도 안 된다

학습 성향은 긴장도, 적극도, 모호함에 대한 민감도, 자신감, 동기 등으로 이루어져 있다. 그리고 이것은 부모 자신의 성향과 양육 방식에 따라 달라진다. 부모가 아무리 "자신감을 가져! 동기를 가져!"라고 강조해도 저절로 자신감이나 동기가 생기지는 않는다. 아이의 성향을 파악해서 자신감이나 동기를 부여할 수 있는 방법을 찾아야 한다.

모호함에 대한 민감도는 예를 들면 아이가 책을 읽다가 모르는 단어가 나오면 멈추는가, 그냥 읽는가 아니면 문제를 풀다가 답을 잘 모르겠다면 그 문제에 멈춰서 한참 헤매는가, 그냥 넘어가는가와 관련된 것이다. 또한 수업 시간에 확실한 답인지는 모르겠으나 일단 '질러보는' 아이들도 있고 100% 확신하지 않으면 손을 들기는커녕 지목해도 입을 열지 않는 아이도 있다. 이것은 타고난(혹은 물려받은) 성향도 있지만, 아이의 오답을 본 부모의 반응에도 많은 영향을 받는다. 아이가 어떤 것에 대해 틀린 답을 말했는데 이때 부모가 버럭 화를 내는 경우 아이는 틀릴까 봐 전전긍긍하게 되고 숲을 못 보고 계속 나무만 보게 될지도 모른다.

반면 무언가 틀려도 별 반응을 보이지 않는다면 정확도에 크게 신경 쓰지 않게 될지도 모른다. 모호함에 대한 민감도는 너무 낮아서도, 너무 높아서도 안 된다. 그러나 중도를 지킨다는 것이 어려운 일이라는 건 자명하다. 이것 또한 선생님과 부모의 과제다.

아이의 언어 자아를 파악하자

특정 언어를 습득하는 과정에서 발달하고 형성되는 자아정체성을 언어 자아(language ego)라고 한다. 사춘기 이전의 아동은 역동적이고 탄력적인 자아를 가지고 있기 때문에 새로운 언어가 아이의 기존 자아에 큰 위협이 되지 않는다. 그러나 사춘기에 접어들면 자신의 자아를 방어하기 위해 억압(inhibition)을 형성하게 된다. 이 때문에 청소년이나 성인이 되어 새로운 언어를 학습하는 것이 어려운 일이 되어버린다.

아이들은 말할 때 '내 말이 틀리면 어떡하지?'라는 생각을 하지 않는다. 보통 그냥 생각나는 대로 말한다. 이렇듯 어린 아이의 자아는 방어기제가 강하게 발동되지 않는다. 그렇지만 사춘기 아이들이나 성인들에게는 이것이 매우 위협적인 일이 된다.

이것을 고려하면 어린 나이에 영어에 노출되면 습득이 빠르다는 이야기는 말이 된다. 혹시 아이가 갑자기 영어를 거부한다면 새로운 언어 자아가 기존의 모국어 자아를 억압하고 있을 가능성을 염두에 두어야 한다. 제1의 언어로 형성된 자아가 다치지 않으면서 새로운 언어를 자연스럽게 받아들이도록 천천히 기다려주는 일도 필요하다.

No Pains, No Gains

학업 성취도는 지능, 성향 파악에 따른 서로 다른 전략의 투입, 부모의 관심과 격려 그리고 학습자 개인의 노력으로 이루어져 있다. 간혹 학부모 중에서 "내가 안 가르치려고 돈 내고 학원 보내는데 왜 내가 아이 학습을 도와줘야 하나요?"라고 묻는 분들이 있다. 이에 대한 답으로는 다음 예가 적절하다.

체중 감량이 필요해서 헬스장을 등록했다. 매일 가서 열심히 운동한 후 집에 와서는 피자도 먹고 햄버거도 먹고 야식으로 라면도 끓여 먹는다. 그러고는 살이 빠지지 않는다며 헬스장에 컴플레인을 한다. 이 이야기와 뭐가 다른가? 체중 감량을 위한 노력을 집에서는 전혀 하지 않는다면, 그게 과연 트레이너의 잘못일까? 아이들은 아직 스스로 학습량을 조절하거나 학습 목표를 명확히 가지고 공부하기가 어렵다. 그래서 부모가 그 과정을 도와줘야 하는 거다. 누구보다 우리 아이를 잘 아는 것은 부모가 아닌가?

Kate쌤의 영어 공부 이야기 **Talk**

나도 영어 좀 하는 줄 알았는데, 이 사람들은 뭐지?

내 영어가 왜 이래?

대학 입학 후 처음 몇 주는 "아! 이런 게 정말 대학 생활이지!" 하며 행복했다. 전공 수업이 재미있고, 나의 지적 호기심을 채우기에 충분했다. 물론 그중에는 다소 버거운 과목들도 있었지만, 나는 예습·복습을 반복하며 그 과정을 즐겼다. 이해가 되지 않으면 교수님들을 부단히 찾아뵈며 궁금증을 해소했다. 학교 가는 길은 매일 설레고, 교정에 핀 꽃들도 모두 나를 반기는 것 같았다. 날씨가 좋아도, 흐려도, 비가 오고, 눈이 와도 좋았다. 뭐 그런 장밋빛 날들이 계속될 것만 같았다.

그런데 첫 번째 난관에 봉착했다. 그것은 에세이 수업이었다. '에세이가 뭐지?' 하고 당황했다. 난 그런 걸 배워본 적이 없었다. 서론, 본론, 결론에 맞춰 다섯 개의 단락으로 글을 써야 했다. 다른 친구들은 대부분 유학파에 외고 출신이었고, 아마도 나만 빼고 다들 에세이가 뭔지 아는 모양이었다. 아무것도 모르는 나는 에세이 관련 책을 뒤져가며 밤새 에세이를 써냈다.

내게 돌아온 학점은 B-였다. 충격이었다. '다른 과목이면 몰라도, 내가 영어에서 이런 점수를 받다니! 도대체 나는 에세이 쓰는 법을 왜 미리 못 배운 거지?' 평생 쌓아온 나의 영어 자신감이 한순간에 무너졌다.

연극이 끝나고 난 뒤 혼자서 무대에 남아

두 번째 난관은 영어 토론 시간에 찾아왔다. 팀을 정해 하나의 주제에 관해 토론을 하는 시간이었다. 나도 영어 좀 한다고 생각하며 20여 년을 살아왔는데, 이들은 그냥 영어를 잘하는 정도가 아니라 영어를 한국어처럼 사용했다. 말 그대로 이중 언어 구사자(bilingual)들이었다. 그들이 영어로 말하는 속도와 사용하는 어휘 수준에 주눅이 들었다. 처음 듣는 토론 용어와 진행 방식에 머릿속이 혼돈 그 자체였다. 이것도 나만 빼고 모두가 알고 있는 듯했다. 그나마 다행인 것은 토론 준비 시간이 일주일 주어진다는 것이었다.

그날의 토론 주제는 사형 제도(Capital Punishment)였다. 나는 일주일 동안 밤을 새웠다. 양 팀이 찬반양론(Pros and Cons)으로 나뉘어 토론하는 형식이었는데, 나의 팀은 찬성(Pros)이었고, 나는 주장에 뒷받침할 근거까지 모두 준비했다. 또한 반대(Cons)팀의 주장까지 모두 정리해서 준비했다. 그리고 나의 차례에 할 말을 준비하며 자연스럽게 보일 애드리브까지 준비했다. 그렇게 나는 일주일간 30분의 토론을 위한 하나의 연극을 준비했다(연극부 활동 경험이 이렇게 도움이 될 줄이야).

토론 수업, 즉 나의 연극은 성공적이었다. 모두가 내가 그렇게 피나는 노력을 한 줄 몰랐다. 그냥 그들처럼 그렇게 영어를 사용할 줄 안다고 생각하는 것 같았다. 수업이 끝나고 다들 본인들이 영어 공부를 하며 머물렀던 영어권 나라에 대한 이야기를 하고 있는데, 그때만 해도 영어권 국가에 가본 적도 없던 나는 사실 할 말이 없었다. 그래서 그냥 대충 얼버무리고 급하게 강의실, 아니 어쩌면 나에게는 무대 같았던 그 곳을 빠져나왔다.

좌절은 당연, 휴학은 필연

이후 나는 휴학을 해야 했다. 이 상태로는 여기에서 살아남기 어렵다는 판단이 들었기 때문이다. 나는 그 당시 말 그대로 아카데믹한 말하기·쓰기는 정말 최선을 다해 노력하지 않으면 해낼 수 없었고, 아무리 노력해도 동기들의 유창성과 정확도에 미치지 못해 매시간 좌절했다. 그래서 나는 수업 시간마다 연극을 할 수밖에 없었고, 그러다 보니 어느 순간 체력적·정신적 한계가 느껴졌다.

나는 내가 존경하는 교수님을 찾아뵙고 고민을 토로했다. 내가 이제까지 영어 공부를 얼마나 악착같이 혼자 열심히 해왔는지, 그럼에도 이곳에 와서 내가 얻은 것은 좌절감뿐이라 도대체 어떻게 해야 할지 모르겠다고 울면서 조언을 구했다. 그분은 내게 이렇게 말씀해주셨다. "너 정말 훌륭하구나. 이제껏 너는 혼자 정말 열심히 고군분투했다. 목적지에 거의 다 왔으나 네가 헤매고 있는 이유는 어느 방향으로 가야 하는지 모르기 때문이다. 나침반을 찾아라." 나는 나침반도 없이 그냥 열심히 걷기만 했던 것이다. 오래 걷다 보니 목적지에 거의 다 왔다고 생각했는데 알고 보니 방향이 틀렸던 거다.

헤매는 나의 영어, 방향을 잡다

그렇게 휴학을 하고 나는 과외를 구했다. 내가 누군가를 가르치는 게 아니라 내가 누군가에게 영어를 배우기 위한 과외였다. 영어 자체보다도 영어 공부, '어떻게? 어디로?'를 가리키는 나침반을 찾기 위함이었다. 과외 구인 글 내용은 이랬다. "저는 영어를 전공하고 있고, 토익은 만점입니다. 영어 말하기·쓰기도 곧잘 할 수 있습니다. 그런데 어떻게 하면 '제대로' 말하고 쓸 수 있는지 모르겠습니다. 그래서 이것을 제게 가르쳐주실 사람을 구합니다. 단, 커리큘럼은 제가 짜겠습니다. 과외비는 회당 10만 원입니다."

그 당시 회당 10만 원은 큰 금액이었다. 연락 온 사람들은 꽤 많았고, 나는 그들 중 다섯 명을 만나서 면접을 보고 그들에게 본인이 쓴 에세이를 내게 보여달라고 요청했다. 또한 내가 짠 커리큘럼을 보여주고, 그걸 해낼 수 있겠냐고 물었다. 회당 2시간씩 주 3회, 하루는 에세이, 또 하루는 스피킹 그리고 나머지 하루는 영어 뉴스 수업이었다. 지금 봐도 당장 그렇게 학원 수업을 해도 부족하지 않을 정도로 자세하게 커리큘럼을 구성했다. 할 수 있겠다는 사람이 단 한 명 있었다. 그래서 그 선생님과 과외를 시작했다.

CNN 뉴스를 보며 어휘를 익히고, 앵커와 똑같이 말할 수 있을 때까지 무한 반복해서 따라 했다. 매일 에세이를 썼고, 그 선생님께도 같은 주제로 에세이를 써달라고 부탁해 나의 에세이와 비교하고 그에게 피드백을 구했다. 이어서 겁도 없이 교포급 수준 스터디 그룹에 들어갔다. 나는 당연히 교포급이 아니었지만, 늘 그랬듯 "너 이 수준 아니잖아?"라는 소리가 듣고 싶지 않아 스터디 1시간을 위해 3~4시간을 투자해가며 나만의 연극을 계속했다.

치열하게 6개월을 공부하고 나니 에세이도 제법 쓸 수 있었고, 토론도 어렵지 않게 해낼 수 있었다. 짧게라도 해외 연수를 다녀올까 고민 중이었는데 학교에서 진행하는 국내 영어 연수 프로그램을 알게 됐고, 재학생 할인 혜택도 생각보다 커서 신청하게 됐다. 6개월간 해외 연수와 비슷하게 회화, 쓰기, 문법, 발표, 토론, 원서 수업, 독해 수업 등 다양한 수업을 영어로 진행하는 프로그램이었다. 레벨 테스트를 보니 다행히도 가장 높은 반에 배정이 되었고, 역시나 나보다 영어를 더 잘하는 사람들 틈에서 또 다시 고군분투해야 했다. 그렇게 1년 동안 독하게 내 삶을 영어 공부로 채웠다.

A+의 귀환

그렇게 1년 후 나는 복학했고, 에세이·토론은 물론 전공과목 모두 A+혹은 A를 받고, 과탑이 되어 성적 장학금을 받았다. 그리고 휴학 전 내가 조언을 구했던 교수님께서 나의 장학금 소식을 먼저 들으시고는 "진희야, 네가 해냈구나. 정말 자랑스럽다"라고 말씀해주셨다.

처음 장학금을 받았던 그 순간을 잊을 수가 없다. 스스로가 너무 기특하고 자랑스러워서 나도 모르게 눈물이 났다. 나는 아직도 원어민급의 영어를 구사할 수는 없다. 그렇지만 그들과 어떤 주제에 대한 이야기를 하거나, 좋은 글을 써내는 경쟁을 해야 한다면 한번 덤벼볼 만하다고는 생각한다. 방향을 잡은 나는, 늘 해왔던 것만 계속하면 됐다. 그것은 바로 늘 그랬듯 독하게 공부하는 것이다.

what이냐 how냐 그것이 문제로다

대학을 졸업한 후에는 '이제 뭐하지?'란 생각이 머릿속을 꽉 채웠다. 공부를 조금 더 해야겠다는 생각이 들어 대학원 진학을 고민하는데, 도대체 무엇을 전공해야 할지 갈피를 잡지 못했다. 영어학도 재미있고, 영어 교육도 재미있을 것 같았다. 나는 다시 교수님을 찾아갔다. 대답은 간단했다. "네가 what을 알고 싶다면 영어를 전공하고, how를 알고 싶다면 영어 교육을 전공하면 된다." 나는 아무래도 'how'가 궁금했다. 그래서 학부를 마치자마자 대학원에 진학해 영어 교육을 전공했다.

역시 그의 조언을 따른 나의 선택은 탁월했다. 내가 딱 원하던 수업이었다. 언어 습득의 원리와 발달 단계를 공부할 수 있었고, 에세이와 토론 그리고 발표와 모의 수업도 진행됐다. 그 과정에서 제2의 언어로서의 영어를 효과적으로 가르치는 방법을 연구하고 배울 수 있었다. 그리고 이제 나는 누가 뭐래도 이 분야에서만큼은 자신 있는 사람이 되었다.

2장

배경지식 Change-Up

한글을 배웠던
과정을 떠올려라

언어를 학습하는 최고의 방법

저명한 언어학자인 스티븐 크라센(Stephen Krashen)은 "읽기는 언어를 학습하는 최고의 방법이 아니다. 그것은 유일한 방법이다"라고 말했다.

우리는 한국어를 어떻게 배웠을까? 어릴 때부터 단어를 많이 외우고, 문법 문제를 풀었을까? 아니다. 우리는 그저 많이 읽고, 듣고, 말하고, 써보면서 한국어를 습득했다. 그 점에서는 모국어 학습과 제2언어학습은 크게 다르지 않다. 모국어든 외국어든 언어학습자들은 다독을 통해 다양한 배경지식을 습득하고, 자연스럽게 해당 언어학습에 대한 동기와 흥미를 느끼게 된다.

책만 많이 읽으면 되나?

다독이란 말 그대로 많이 읽는 것이다. 원래 책 읽기를 좋아하는 아이라면 사실 크게 손댈 것이 없다. 그냥 두면 된다. 본인이 흥미있는 분야의 책을 우선 손에 쥐게 될 것이고 조금 어려워도 재미있으니 알아서 어떻게든 읽는다. 이런 아이들에게는 사실상 너무 편독하지 않고, 문학과 비문학의 균형을 맞춰주며 다양한 장르의 도서를 접할 수 있게만 해주면 된다.

그러나 대부분의 아이들은 책 읽기에 관심이 없다. 책 읽는 것도 공부라고 생각한다. 결국 책 읽기 전후에 단어 테스트를 볼 것이며, 독후 활동으로는 해당 내용과 관련된 문제를 풀게 될 것이기 때문이다. 책 읽는 것이 공부가 아닌 것은 아니지만 다른 과목들을 공부하는 것처럼 접근해서는 안 된다.

책 읽기는 그 자체로 즐거운 활동이 되어야 독서 습관을 잡기도 쉽고, 지속적으로 그 습관이 유지될 수 있다. 책 읽기 습관을 잡는 가장 좋은 방법은 가정에서 부모가 책을 집어 들고 읽는 모습을 자주 보여주는 것이다. 부모는 아이의 거울이다.

또한 가장 중요한 것은 독후 활동이다. 독서를 진정 의미 있게 하려면, 책을 읽은 후에 어떤 활동을 하는지가 더 중요하다. 가장 좋은 것은 읽은 내용에 관해 함께 이야기하며 서로의 의견이나 생각을 공유하는 것이다.

어떤 책을 읽으면 되나?

크라센의 학습조건가설에 의하면 언어 습득은 학습자의 현재 수준보다 한 단계 높은 입력자료(i+1)가 제공될 때 일어난다. 여기서 i는 학습자의 현재 수준이고 이보다 딱 한 단계만 높은 수준이어야 한다는 것이다. 그러나 대부분의 부모는 아이가 보다 수준 높은 책을 읽길 원한다. 무조건 어려운 것을 배워야 영어를 더 잘 배울 수 있다고 생각하는 부모들이 여전히 많다. 아이가 내용을 이해하지 못하고 있음에도 불구하고, 아이가 읽고 있는 책이나 교재의 텍스트 수준이 바로 아이의 영어 리딩 실력이라고 믿는다.

그러나 그것은 부모의 자기만족이며 욕심이다. 영어 텍스트의 수준을 학습자의 실제 수준보다 너무 올려버리면 학생이나 학부모 그 누구에게도 도움이 안 된다. 어려운 책을 읽게 함으로써 아이의 영어 자신감과 흥미를 떨어뜨리기 때문이다. 크라센의 말대로 학습을 위해서는 자기 수준보다 약간 높은 정도의 책을 읽게 지도하면 되고, 독서에 흥미를 붙이려면 오히려 i-1의 수준으로 다독을 해도 괜찮다.

본인의 수준보다 약간 낮은 수준의 책은 접근성이 좋기 때문이다. '이 정도는 내가 읽지. 이건 좀 쉽잖아?' 하고 생각하며 큰 부담없이 책을 집어 들고 읽는다. 그리고 이런 책은 생각보다 많이 읽어낼 수 있다. 이런 경험이 쌓인 후에 i+1 정도의 책을 내밀면 자신감이 쌓여 한번 시도해볼 수 있게 되는 것이다.

학습 스타일을 고려하라

그렇다면 책을 어떻게 고를 수 있을까? 책을 고를 때는 학습자의 성향 및 학습 스타일을 고려해야 한다. 숙고형 학습자는 논리적인 사고를 기반으로 학습하기 때문에 오류는 다소 적으나 문제 해결에 시간이 오래 걸리는 경향이 있고, 충동형 학습자는 문맥을 통한 유추 능력이 뛰어나서 빠르고 직관적으로 과제를 처리하지만 숙고형보다는 오류가 많은 편이다. 예를 들어 아이가 충동형 학습자라면, 책에서 나오는 단어들을 좀 몰라도 문맥에서 파악해가며 전체 줄거리를 이해하는 데 무리가 없다. 물론 이런 친구들은 책을 읽고 나서 문제를 풀라고 하면 오답률이 높긴 하지만 말이다. 숙고형 학습자라면 모르는 단어가 나오면 읽기를 멈추고 뜻을 사전에서 찾아 옮겨 적는다. 머지않아 모르는 단어가 또 나오고 그럴 때마다 멈춰서 사전에서 뜻을 찾기 바쁘다. 이런 친구들은 단어만 찾다가 책 읽기 시간이 지체된다. 그렇다면 숙고형 학습자에게는 i+2와 같은 정도의 수준의 책을 읽는 것이 말 그대로 고문이다. 책 읽기의 즐거움을 느낄 겨를이 없다.

수준에 맞는 책을 어떻게 찾는가?

책을 고르는 방법은 저마다 다르겠지만, 나는 대표적으로 다음과 같은 방법을 권한다. 첫 번째는 아이가 직접 고른 책을 읽는 것이다. 나는 아이가 마음에 들어서 고른 책이 최고의 책이라고 믿는다. 본인이 직접 골라야 지속적으로 흥미를 느끼며 읽어낼 수 있다. 본인이 진심으로 읽고 싶은 책이라면 온갖 수단을 사용해서라도 읽어내고야 말 것이기 때문이다.

두 번째는 AR 시험 후 레벨에 맞는 권장 도서 읽기를 권한다. 만약 객관적인 지표로 정확한 결과를 원한다면 최근 많은 기관에서 활용하고 있는 AR 지수를 참고할 수 있다. 시험 결과에 따라 아이의 수준에 맞는 책을 쉽게 찾을 수 있다는 장점이 있다. AR 시험은 컴퓨터상으로 영어 지문을 읽고, 그 지문과 관련된 문제를 풀게 한다. 문제의 답을 맞혔다면 그다음 지문은 조금 어려운 것으로 설정되며, 답을 틀렸다면 그다음 지문은 조금 쉬운 수준으로 조정된다. 모든 문제를 풀고 나면 2.3점, 4.5점, 1.8점 이런 식으로 수치화되어 점수가 산정된다.

예를 들어 한 아이의 AR 시험 결과가 2.3점이라고 한다면 이 아이의 현재 영어 리딩 수준이 미국 초등학생 2학년 수준의 세 번째 달에 해당한다고 보면 된다. 그렇다면 3.2점은 어떨까? 그렇다. 미국 초등학생 3학년의 두 번째 달이다. 그러나 보통 AR 지수는 한 수치만 주지 않고 2.2~2.8점 혹은 3.3~4.0점과 같은 범위로 주어진다. 어떤 아이가 2.2~2.8의 결과지를 들고 왔다면 이 아이에게는 2.8점대의 책을 읽히면 될까? 그것은 상황에 따라 다르다.

2.2점은 이 아이가 혼자 충분히 이해할 수 있는 수준이고, 2.8점은 교사나 부모 등 누군가가 도움을 줄 경우 읽어낼 수 있는 수준일 것이다. 따라서 AR 지수를 참고하고 싶다면 2.2점 정도는 아이

가 혼자 읽을 때 제시해주면 좋고, 2.8점 정도는 부모나 교사가 도움을 줄 수 있는 상황에서 같이 읽으면 된다.

이 친구에게 2.8점 수준의 원서 책을 주면서 다독하라고 한다면 이 아이는 책 읽기에 흥미를 느끼기 어려워질지도 모른다. 물론 이 지수도, 다른 시험과 마찬가지로 시험 당일의 컨디션, 긴장도, 학습 스타일에 따라 여러 번의 시험에서 다르게 나타날 수도 있다. 두세 번 정도 시험을 보고, 그 중간에서 적절한 값을 찾아보는 것을 권한다.

아이의 리딩 레벨을 어느 정도 파악했다면 미국의 아동문학상인 뉴베리 메달(Newbery Medal), 칼데콧 상(Caldecott Award)을 받은 도서 또는 미국 교사의 추천 도서 등을 참고해보는 것도 좋은 방법의 하나다. 그리고 칼데콧 상의 경우, 매년 가장 뛰어났던 어린이 '그림책'에 주는 상이라는 것을 참고하자. 또한 AR 점수가 같은 3.0점이더라도 한국인 아이와 미국인 아이는 생각보다 많은 격차를 보일 수 있다. 따라서 책을 선정할 때 같은 아이의 연령 또는 AR 점수가 같더라도 책의 어휘나 구문의 난이도를 고려해봐야 한다.

세 번째는 영어도서관을 활용하는 것이다. 요즘에는 영어도서관을 흔하게 볼 수 있다. 내가 어릴 때부터 정말 수없이 꿈꿔왔던 그런 공간이라 내 기준에선 요즘 아이들이 참 부럽다. 그곳에는 수천 권의 영어 원서가 서가에 꽂혀 있고, 아이들은 본인의 레벨에 맞는 책을 읽고 문제도 풀고 북리포트(book report, 독후감)를 쓰기도 한다. 사실상 아이가 원하는 책을 모두 구매하기에는 가격 부담도 분명히 있기 때문에, 체계적으로 도서 관리가 되고 있는 영어도서관을 활용하는 것도 괜찮다.

아이마다 적합한 책이 있을까?

아이에게 적합한 책인지 빠르고 쉽게 확인하고 싶다면? 바로 5-finger-test를 해볼 수 있다. AR 지수를 확인하지는 못했지만 현재 아이가 당장 들고 있는 책이 이 아이에게 맞는 수준인지 확인할 수 있는 방법은 다음과 같다.

책을 본격적으로 읽기 전에, 해당 책의 한 페이지를 펴고 아이에게 모르는 단어가 나올 때마다 손가락을 하나씩 접어보게 하자. 한 페이지에 모르는 단어가 다섯 개가 넘는다면 그 책은 너무 어려운 것이고, 모르는 단어가 한두 개 정도밖에 없다면 너무 쉬운 것이다. 모르는 단어가 세 개 정도 있는 책이 적합하다. 여기서 중요한 것은 아이가 손가락을 하나씩 접을 때마다 눈치 주지 않는 것이다.

i+1은 어떻게 하는가?

실제로 내가 운영하는 학원에서는 정규 수업 시간 외에 레벨에 맞는 영어 종이책을 읽는 독서 시간이 따로 있다. 영어도서관 같은 공간보다는 책이 조금 덜 갖춰졌고, 레벨도 덜 세분되어 있기는 하지만 목표가 조금 다르다. 그 시간에는 직접 마음에 드는 책을 골라 읽고, 읽으면서 모르는 단어는 적어놓았다가 독서가 끝나고 뜻을 찾아볼 수 있도록 한다. 그러고 나서 읽은 책의 제목을 리스트화한다. 그리고 일주일에 한 번은 수준에 맞는 북 리포트를 쓰도록 지도하고 있다. 나는 이 시간을 통해 아이들에게 '영어책을 읽는 것이 재밌다'는 것을 알려주고 싶기 때문에 책을 읽은 후에 문제를 풀게 하지 않는다. 책을 다 읽고 나서 시험을 봐야 한다고 하면 긴장돼 편하게 책을 읽을 수 없다. 사실상 북리포트도 마음 같아서는 쓰게 하고 싶지 않지만, 학습자마다 정말 제대로 책을 읽고 이해하고 있는지를 확인하는 학원 측의 최소한의 장치다.

아이들이 영어도서관에서 읽는 책들은 대부분 i-1의 수준, 즉 자신의 리딩 레벨보다 조금 낮은 수준이다. 나는 아이들이 조금 쉬운 책을 골라도 읽게 해준다. 많이 읽고 즐거워했으면 하는 바람에서다. 다만 학원 커리큘럼 내에 있는 문학 수업에서는 아이들의 수준보다 약간 높은 i+1 정도의 도서를 선정하는데, 이는 이전에 설명했던 것처럼 조금은 어려워도 선생님의 도움이 있으면 읽어낼 수 있기 때문이다. 보통 아이들은 첫 독서를 그림책으로 시작하게 되는데 AR 점수가 2점대로 올라가면 챕터북(챕터별로 나눠진 소설)을 읽게 된다. 이때 챕터북은 글자 수도 많고 컬러보다는 흑백으로 된 책이 많고, 예쁘지도 않아서 거부하는 경우가 많다.

예를 들어 《Magic Tree House》 같은 경우는 매우 재미있는 책인데도 불구하고 그 정도를 읽어낼 수 있는 아이들도 처음에는 잘 선택하지 않는다. 그런데 그 시리즈 중 한 권을 수업 시간에 함께 읽고 분석하고 마인드맵을 그리고 발표도 하며 내용 정리도 해보고 나면, 영어도서관 시간에 자연스럽게 그 시리즈의 다른 책을 집어 든다. 읽어낼 수 있다는 자신감이 생겼기 때문이다.

다음 목록은 AR 1~5.9점대까지의 도서 중 아이들이 선호하는 책들을 정리한 것이다. 참고할 것은 같은 책 시리즈 안에서도 레벨이 달라진다는 것이다. 예를 들어 Warriors 시리즈는 5.4~6.3점이며, Harry Potter는 4.9~7.2점이다. 독서 성향 및 흥미에 따라 다소 레벨이 낮아도 어려울 수 있고, 레벨이 높아도 취향에 맞으면 재밌을 수 있다. 원서를 읽는다는 것이 처음에는 쉽지 않겠지만 자신에게 맞는 책을 찾는다면 충분히 재미있게 읽을 것이다.

AR 점수에 따른 원서 추천

점수	제목
1.0–1.0	– My First I Can Read 시리즈(Fancy Nancy, Splat the Cat, Robin Hill School, The Berestain Bears, Biscuit, PJ Masks, Little Critter, Pete the Cat, Pinkalicious) – Maisy First Experiences – Caillou – Ready to Read Level 1(Eloise, Olivia) – Scholastic Reader Level 1(Clifford) – Five Little Monkeys – Fly Guy – Froggy – Elephant & Piggie – Arthur Starter – Step into Reading Level 1–2 – Curious George Level 1

2.0–2.9	– Arthur's Adventure – Max & Ruby – Henry and Mudge – Dora the Explorer – Charlie & Lola – Marvin Redpost – Owl Diaries – Magic Tree House – The Zack Files – Nate the Great – Dog Man – Robert Munsch series – Curious George – Magic Bone – Junnie B. Jones – Lunch Lady – Mercy Watson – Dragon Slayers Academy – Judy Moody and Friends – The Boxcar Children – Miss Nelson – Goosebumps – Flat Stanley – Seriously Silly Stories – The Tiara Club – Horrid Henry Early Reader – I Can Read Level 1–2(Clark the Shark, Little Bear, Danny and the Dinosaur Big, Frog and Toad, Amelia Bedelia)

3.0–3.9	– Whipping Boy – Judy Blume – Timmy Failure – Andrew Lost – Dragon Masters – Eerie Elementary – The Notebook of Doom – The Baby–Sitters Club – Tree House series(e.g. the 104–storey treehouse) – Cam Jansen – The Haunted Library – Stink – Sophie Mouse – Geronimo Stiltons – The Critter Club – Princess in Black – The Boy Who Climbed into the Moon – Sara, Plain and tall – Icky Ricky – Horrid Henry – Judy Moody – Spiderwick – Warriors – Superhero – Heidi Heckelbeck – Alvin Ho – A–Z Mysteries – Amber Brown – Berenstain Bears – My Weird School – Black Lagoon Adventures – Katie Kazoo – Horrid Harry – (Roald Dahl)Magic Finger – Because of Winn–Dixie – Wayside School – Jake Drake – Roscoe Riley Rules

4.0–4.9	– Franny K.Stein, Mad Scientist – Captain Underpants – Eloise – Hello, Universe – Tale of Despereaux – Miraculous Journey of Edward Tulane – The BFG, Charlie and the Great Glass Elevator, Danny the Champion of the World, The Enormous Crocodile, Witches, Twits, Charlie and the Chocolate Factory, The Giraffe and the Pelly and Me, Revolting Rhymes, Esio Trot, George's Marvelous Medicine, Fantastic Mr. Fox(Roald Dahl) – Last Kids on Earth – Girl Who Drank the Moon – Dork Diaries – Encylopedia Brown – Thea Stilton – Lottie Lipton – Alien in My Pocket – Dear Know–It–All – Bunnicula – 39 clues – Ramona – Wonder – Kira–Kira – Charlotte's Web – Percy Jackson – Wrinkle in Time – Walk Two Moons – My Father's Dragon – From the Mixed–up Files of Mrs. Basil E. Frankweiler – Holes – Warriors(5.4~6.3)

5.0–5.9	– Where the Mountain Meets the Moon – The Magicians's Elephant – Wings of Fire – Diary of a Wimpy Kids – The Giver – Wonderful Story of Henry Sugar and Six More, Matilda, The Minipins(Roald Dahl) – Hoot – The Giver – The Kite Fighters – Pipi Longstocking – Tuesdays with Morrie – Hatchet – To Kill a Mockingbird – River Boy – Mr.Popper's Penguins – Bud, not Buddy – The Fault in Our Stars – Lord of the Flies – The Chronicles of Narnia(5.4~5.9) – Heroes of Olympus(4.5~5.2) – Harry Potter(4.9~7.2)

어떻게 하면 영어 독해를 잘하게 되나요?

우리 아이 리딩 점수 왜 이러죠?

나는 가끔 "선생님! 우리 아이 리딩 점수가 너무 안 나와요. 어떡하죠?" 하는 질문을 받는다. 그런 경우 나는 보통 이렇게 반문한다. "아이가 국어 문제는 잘 푸나요?"

리딩 점수가 안 나오는 데는 여러 이유가 있지만 첫 번째 이유는 문제를 푸는 요령을 모르기 때문이며, 이건 영어만의 문제가 아니다. 국어든 사회든 과학이든 문제에서 묻고자 하는 핵심을 짚어내지 못한다는 뜻일 수 있다. 하지만 나는 이거야말로 말 그대로 리딩 스킬이며, 초등학생에게는 이 스킬이 아직 크게 중요하다고 생각하지 않는다.

왜냐하면 리딩 스킬은 단기간에 학습이 가능하며, 고학년이 되고 중·고등학생이 되면 어차피 많이 훈련하게 될 부분이기 때문이다. 훈련도 중요하지만 사실 머리가 크고 생각이 자라면서 본인이 마음만 먹는다면 자신만의 방법을 찾게 되어 있다고 생각한다.

학습 스타일에 좌우된다

독해 점수가 안 나오는 두 번째 이유는 개인마다 다른 학습 스타일 때문이다. 충동형 학습자는 빠르게 지문을 읽어 내려가지만 사실 무슨 말인지 모르고 있는 경우가 많다. 지문을 대충 읽고 문제를 풀어버려서 점수가 나오지 않는 것이다. 반면 숙고형 학습자는 너무 심사숙고하며 지문을 읽어서 시간 싸움인 리딩 시험에서 시간이 부족해지면서 오답을 고르게 되는 경우도 있다.

어떤 유형의 문제를 틀리는지를 우선 파악해볼 필요가 있다. 아이가 글의 핵심 내용이나 요지를 묻는 문제를 주로 틀린다면 내용 이해가 잘 안 되거나 핵심 내용을 파악하는 리딩 스킬이 부족한 것이다. 반면 세부 내용을 묻는 문제를 많이 틀린다면 지문을 꼼꼼히 보지 않고 실수하는 경우일 수 있다.

충동형 학습자에게 책을 읽고 내용을 말해보라고 하면 세부 사항은 잘 기억하지 못해도 대략적인 흐름은 파악하고 있다. 그 내용에 대한 이해도를 묻는 문제를 풀게 하면 빠르게 답을 체크해나가지만 오답률이 많다. 본인이 이해한 대로 문제를 풀기 때문이다. 지문에서 벗어난 생각, 지문에 나오지 않은 내용을 마음대로 추측하거나 본인 생각대로 문제를 푸는 경우가 많다.

숙고형 학습자에게 책을 읽고 내용을 말해보라고 하면 시간이 오래 걸린다. 본격적으로 읽은 내용을 말하기 전에 다시 지문을 들춰보기도 하고, 모르는 단어를 묻기도 한다. 머릿속에 정리되어 있는 내용을 기반으로 문제를 풀게 하면 다시 지문을 들춰가며 세부 내용을 찾고 어느 것이 맞는 답인지 고민하는 데 시간이 많이 걸리기도 한다. 그러나 정답률은 꽤 높다.

"그러면 숙고형이 충동형보다 나은 것이 아닌가?"라고 물을 수 있지만 그렇지 않다. 대부분 리딩 시험은 시간 싸움이다. 주어진 시간 내에 빠르게 내용을 이해하고 맞는 답을 골라내야 하는데 분초를 다투는 그 시간에 고민을 오래 하다가 결국 뒷부분의 지문을 제대로 이해하지 못하고 문제도 풀지 못한 채로 답안지를 제출하기도 한다. 시간이 충분했다면 문제를 다 풀어내고 정답률도 높을 테지만, 안타깝게도 모든 시험은 시간을 충분히 주지 않는다.

모르는 단어는 문맥을 이용하라

세 번째는 단어가 부족해서 독해가 잘 되지 않는다는 것이다. 특히 숙고형 학습자들은 더더욱 그렇다. 단어 하나를 모르면 다음 문장으로 넘어갈 수가 없기 때문이다. 모르는 단어에 꽂혀 한참을 그 단어를 쳐다보지만 아무래도 알 수가 없다. 마음을 다잡고 다음 문장을 읽다 보니 또 모르는 단어가 나온다. 그러다 보면 당황해서 머릿속이 하얘진다. 지문 내용도 무슨 말인지 모르겠고, 질문도 영어로 되어 있는데 뭘 묻는지 모르게 된다.

이런 아이들은 단어를 많이 외우는 것도 물론 중요하지만, 문맥에서 단어를 추측하는 방법도 알아야 한다. 우리가 아무리 단어를 많이 외워도 모르는 단어가 나올 수밖에 없다.

나 또한 영어 단어를 수없이 외웠지만 모르는 단어가 당연히 있다. 심지어 우리나라 신문을 읽어도 모르는 단어를 발견할 때도 있다. 그런 경우 앞뒤 문맥에 따라 이해한다. 이렇게 읽다가 단어의 뜻을 깨닫게 되는 경우도 꽤 많다.

영어도 마찬가지다. 특히 숙고형 학습자들은 문맥 안에서 단어의 뜻을 유추하는 힘을 길러주는 것이 필수다. 그러니 제발 모르는 단어가 나올 때마다 적으라고 하거나, 아이가 책을 읽다가 교사나 부모에게 모르는 단어를 물어보면 왜 이 단어를 모르느냐고 타박하지 않았으면 좋겠다. 대신 그 문장을 함께 보면서 어떤 뜻일 것 같은지 같이 고민해보는 과정을 거쳤으면 좋겠다. 단어를 수십만 개 외우더라도 모르는 단어는 꼭 있을 수밖에 없다.

배경지식의 힘을 활용하라

야구에 관심이 많은 아이는 어휘력이나 리딩 스킬이 조금 부족하다 하더라도 야구에 관한 영어 지문을 빠르게 이해할 수 있다. 왜냐하면 해당 지문은 처음 읽지만 이미 알고 있는 내용이기 때문이다. 반면 아무리 단어를 많이 알고 리딩 스킬이 뛰어난 친구라 할지라도 야구에 대한 배경지식이 전무하다면 내용을 이해하는 데 어려움을 겪고, 리딩 스킬에 의존할 수밖에 없는 상황이 된다.

야구에도, 축구에도, 농구에도 관심이 많아 관련 지식을 많이 알고 있는 친구는 어떨까? 스포츠에 관한 한 보다 더 다양한 영어 지문을 이해할 수 있게 된다. 다독의 핵심은 바로 배경지식이다. 다양한 분야의 책을 읽으면서 배경지식을 쌓은 사람은 결국 차후에 아무리 길고 어려운 지문이 나와도 이미 들어봤거나 읽어본 적 있는 내용이라 크게 겁먹지 않고 읽어 내려갈 수 있다.

예컨대 나는 스포츠에 관심도 소질도 없어서 그에 대한 지식이 전무하다. 특히 리딩 지문에 야구 이야기가 나오면 더욱 당황하게 된다. 모르는 단어가 많지는 않으니 지문은 빨리 읽을 수 있으나 다 읽고 나서도 지문의 의미를 잘 알 수가 없다.

흑인 최초로 메이저리그에 진출한 재키 로빈슨에 대한 수업을 한 적이 있다. 나는 노예제도와 인종차별 등과 같은 내용에 대해서는 잘 설명해줄 수 있었으나, 그의 야구 실력에 대해서 논할 수 없었다. 문제는 어찌어찌 지문 속 단어를 찾아가며 눈치로 풀어낼 수는 있으나 아이들이 야구에 대해 물으면 나는 곤혹스러웠다.

그러다 학생 중 야구를 너무 좋아해서 장차 야구 해설자가 되고 싶어 하는 학생이 나서서 그 내용에 대해 칠판에 그림까지 그려가며 자세히 설명해줬다. 내용을 마인드맵으로 정리한 후 자신의 의견과 생각을 덧붙인 그 학생의 발표는 훌륭했다. 메이저리그와 관련한 영상까지 본인의 발표 중에 보여주며 부연설명을 멋지게 해냈다. 내가 그 아이보다 아무리 영어를 잘해도, 야구에 대한 발표는 절대 그 친구만큼 해낼 수 없을 것이다. 이렇게 야구뿐만 아니라 다양한 분야에 대한 배경지식이 쌓이면 글을 이해하는 것은 물론, 쓰거나 말하는 데 큰 도움이 된다. 단어나 리딩 스킬은 그다음이다.

초등학생들에게 책을 많이 읽어야 한다고 강조하는 이유는 다독을 통한 배경지식은 단기간에 완성될 수 없기 때문이다. 중·고등학생에 비해 비교적 시간이 많은 초등학생 때 배경지식을 많이 쌓아두고 독서 습관을 잡아주는 것이 필요하다. 리딩 스킬을 위한 문제풀이와 정독은 나중에 해도 된다.

읽자마자
책장을 덮어라

리딩은 언어를 배우기 위한 최고의 방법이다?

언어학자 크라센의 말대로 리딩은 언어를 배우기 위한 유일한 방법이다. 그렇지만 나는 그의 말에 이 한마디를 꼭 덧붙이고 싶다. "리딩은 언어를 배우기 위한 유일한 방법이다. 그러나 읽고 나서 무엇을 하는지가 더 중요하다."

책은 왜 읽는가? 책을 읽으며 언어를 습득하기 위해서다. 그런데 언어는 왜 배우는가? 언어학습의 최종 목표는 의사소통이다. 그리고 여기서 말하는 의사소통은 "Hi, how are you? I am fine. Thank you"가 아니다.

가끔 이전 학원에서 배웠던 교재보다 현재 학원에서 수업 중 활용되는 교재가 다소 쉽다고 하며 기존 교재를 들고 찾아오는 학부모님들이 있다. 한눈에 보기에도 기존 교재가 어렵다. 나는 아이를 불러 해당 지문을 읽게 한 후 내용을 말해보게 한다. 그 학생은 지문을 읽으면서 이해가 되지 않으면 그 전 문장으로 돌아가서 열심히 끝까지 읽었다. 그 후 책을 덮고, 읽은 내용에 대해서 말해보게 했다. 일부 핵심 단어를 떠올리지만 두서없는 설명이 되고 만다. 역시나 본인 머릿속에 정리되지 않은 내용은 여기저기 흩어진 정보 조각으로 남아 있어 내용을 설명할 수 없다. 이것이 선형적 사고의 한계다. 왜 그럴까? 답은 간단하다. 그런 걸 해본 적이 없으니까.

과연 그 교재의 수준이 그 아이의 실제 영어 리딩 실력일까? 실제로 리딩 스킬이 뛰어나서 정답률이 생각보다 높을 수는 있다. 아이가 영어 독해 문제만 잘 풀길 원한다면 그것도 괜찮다. 그러나 아이가 영어를 언어로서 받아들이고, 그 언어를 매개로 다양한 배경지식을 쌓고 자기 것으로 만들어 활용하길 원한다면 괜찮지 않다.

나는 어떤 지식이나 내용이 진정으로 자신의 것이 되려면 실제로 말해보고 쓰는 과정을 거치지 않으면 안 된다고 생각한다. 내용이 어렵다면 시도하기 어렵지만 내용이 어렵지 않다면 보다 더 자신감을 갖고 말하고 쓸 수 있게 된다. 읽거나 들은 내용을 자신의 것으로 만들어 말하고 쓰는 연습, 이것은 초급 수준의 책 읽기 수업부터 토플 리딩 수업까지 모두 적용 가능하며 선택이 아니라 필수라고 믿고 있다. 이런 이유로 나는 리딩 교재 수준을 높게 잡지 않는 편이다. 문제만 풀고 끝낼 게 아니기 때문이다.

머릿속 지식을 꺼내는 효과적인 방법, 마인드맵

본인의 생각이 정리가 안 돼서 말이나 글로 효과적으로 설명할 수 없을 때 우리는 "내 머릿속을 보여주고 싶다"라고 한다. 그리고 어떤 사람의 행동이나 사고방식이 이해가 되지 않을 때 "네 머릿속에 들어가고 싶다"라고 하기도 한다. 물리적으로는 당연히 불가능하지만 다른 방법을 쓴다면 가능해질 수도 있다. 생각보다 쉽다. 꺼내놓으면 된다. 꺼내놓는 방법은? 마인드맵이다.

마인드맵 창사자인 토니 부잔(Tony Buzan)은 뇌를 연구하고 싶어서 도서관에 가서 사서에게 어떤 책을 보면 좋을지 물었다고 한다. 그러자 그 사서는 그를 의학서 코너로 안내했고, 그는 그런 책이 아니라 뇌를 사용하는 방법을 알고 싶다고 재차 말했으나 그런 책은 없다는 대답만이 돌아왔다. 그는 뇌를 해부하거나 수술하고 싶었던 것이 아니라 우리의 뇌가 어떻게 작용하는지 알고 싶었는데 그와 관련된 정보를 찾을 수 없었다. 그래서 그는 스스로 그 분야를 연구해보기로 마음먹었다. 그리고 그가 고안해낸 것이 우리가 흔히 알고 있는 마인드맵이다.

그의 저서 《토니 부잔 마인드맵 마스터》(서현정 옮김, 미래의창, 2018)에 따르면 우리 두뇌에 있는 10억 개 이상의 뉴런(neuron), 즉 신경세포들은 우리가 새로운 정보를 받아들이고, 이해하고, 저장하며, 차후에 다시 상기할 수 있도록 한다. 뇌세포들은 새로운 정보를 처리할 때 필요하다면 새로운 가지를 만들기도 하고, 기존의 저장된 정보와 관련이 있다면 그들을 서로 연결하면서 유기적으로 작용한다고 한다. 또한 그렇게 두뇌 구조 속에서 만들어진 생각을 현실로 표현해내는 것이 바로 마인드맵이다. 본인의 생각을 밖으로 꺼내서 효과적으로 보여줄 수 있는 도구인 마인드맵은 인간 뇌세포의 수많은 시냅스와 그 연결 모습을 모방한 것이며, 우리 머릿속에서는 실제로 마인드맵 같은 모양으로 생각이 이어진다는 주장을 뒷받침하는 과학적 연구가 이뤄지기도 했다.

마인드맵, 어떻게 하나?

우리 뇌는 이미 알고 있다. 하지만 뇌가 알고 있는 걸 설명하기는 생각보다 쉽지 않다. 그러나 그것을 종이 위에 쏟아내면 좀 더 명확해진다. 마인드맵은 대뇌 피질(두뇌 표면)을 자극하여 인간이 좌뇌와 우뇌를 모두 사용할 수 있게 한다. 그 결과로 우리는 많은 정보를 한눈에 파악할 수 있고, 새로운 아이디어를 창출하며, 핵심적인 내용에 집중하게 된다. 따라서 더 오래, 더 효율적으로 정보를 처리할 수 있게 된다. 무엇보다 생각을 정리하는 연습을 통해서 사고의 폭이 넓어지고 생각을 더 잘하는 사람이 될 수 있다.

무언가 배웠으면 바로 문제를 풀지 말자. 일단 책장을 덮고, 빈 종이를 꺼내서 종이 한가운데 여러 가지 색으로 그림과 부호 등을 사용해 주제를 표현해보자. 그리고 중심 주제 이미지에서 여러 가지가 주변으로 뻗어가도록 그리며 키워드로 채우는 것이다. 이때 필요하다면 연관되는 요소를 연결하기도 하고, 명확하게 기억하면서도 재미도 있게 그림을 그려보는 것이다.

잘 그린 마인드맵은 불필요한 정보는 잘라내고, 핵심적인 내용에 집중할 수 있게 해주기 때문에 이것을 활용해 말을 하거나 글을 쓰면 불필요한 말은 모두 빼고 논리적으로 핵심 내용을 전달할 수 있다. 나는 수업 시간에 텍스트 대신 마인드맵을 사용하기도 한다. 학생들 모두 한눈에 많은 내용을 보면서도 특정 가지를 이야기할 때는 그곳에 집중하기 때문이다. 또한 모든 이야기가 끝나면 전체 마인드맵을 보면서 세세한 것들도 다시 상기할 수 있다. 이것이 나무와 숲을 동시에 볼 수 있게 해주는 마인드맵의 힘이다.

마인드맵 활용하기

내가 아이들에게 제시하는 마인드맵 그리기 세 단계를 소개하고자 한다.

첫째, 마인드맵을 그릴 지문을 다시 한번 읽고, 빈 종이 한가운데 주제를 적는다. 이때 주제는 단순히 글씨만 쓰는 것이 아니라 주제와 관련된 그림 등을 사용해 입체적으로 나타낼 수 있게 유도한다. 그러면 그림을 그리는 과정에서 내용을 상기하게 된다.

둘째, 주제에서 뻗어나가는 가지를 서로 다른 색으로 그려나가고, 같은 가지는 같은 색으로 처리하며, 주제에서 멀어질수록 가지의 굵기가 얇아지게 한다.

'꿀의 역할' 마인드맵

셋째, 모든 가지가 완성됐으면 핵심 단어의 위·아래에 귀엽고 작은 그림을 그리도록 하고, 관련이 있는 것들은 화살표로 연결한다. 위 내용은 '꿀'의 역할에 대한 글을 읽고 정리한 마인드맵의 예시다.

마인드맵을 그리고 그걸 기반으로 말하고 쓰게 해보자. 내용을 잘 기억할 뿐만 아니라 가지를 보며 설명하게 되니까 핵심적인 내용을 중심으로 매우 논리적으로 설명할 수 있게 된다.

영어로 생각하는 힘을 길러라

인간과 로봇이 다른 점은 '생각'할 줄 아는 능력

로봇과 달리 사람은 지식을 개인화시켜 자신의 경험과 생각을 더할 수 있다. 프로그래밍을 통해 로봇이 마인드맵을 만들게 할 수는 있겠지만 자아가 없는 로봇은 마인드맵을 사람처럼 그릴 수는 없다. 로봇은 불평 하나 없이 열심히 주어진 일을 해내겠지만, 미래는 로봇 같은 사람을 원하는 것이 아니다.

주어진 일만 하는 것이 아니라 자신의 경험과 생각을 바탕으로 효과적이고, 생산적이며, 창의적으로 일을 해내는 인재를 원한다. 시키는 것만 하는 사람들은 현대의 발전된 로봇과 사실상 다를 바가 없다. '생각'하지 않고 정보를 '처리'하는 로봇의 능력이 인간을 뛰어넘는 시대가 왔다. 그래서 우리는 아이들에게 단순히 단어나 문법 요소만을 묻는 것이 아닌 '생각'을 묻는 것이 더욱 중요해졌다.

질문에도 방식이 있다

생각을 묻기 위해서는 질문을 해야 하고 질문은 주제와 관련된 본인의 경험이나 의견을 끌어낼 수 있는 것이어야 한다. 그리고 어떤 대답을 하더라도 옳고 그름을 판단하는 것은 위험하다. 답은 없기 때문이다. 많은 선생님이 간과하고 있는 것 중 하나는 본인이 생각하는 것이 옳고, 아이들의 답에는 갸우뚱한다는 것이다. 그렇다면 아이들이 자신의 생각을 표현하는데도 공장에서 찍어낸 듯한 답을 내야만 맞다고 인정해주는 것인가?

나는 학원을 운영하면서 어쩔 수 없이 아이들의 발표나 쓰기 과제를 평가하게 된다. 평가 기준에는 유창성, 정확도, 단어 활용도, 논리적인 전개도 있지만 늘 강조하는 것은 '창의성'이다. 그래서 비문이 많거나 어휘 수준이 낮더라도 빛나는 아이디어를 쏟아낸 아이들에게는 높은 점수를 준다. 아이들의 새로운 관점과 생각들은 늘 나를 놀라게 한다. 창의성은 적절한 질문에 답하면서 계발될 수 있다고 믿는다. 단, 아무리 창의성이 뛰어나도 내용을 확실히 모른다면 두서없이 '수다'를 떨게 되니 내용을 아는 것 또한 당연히 중요하다. 그리고 멋진 대답을 원한다면 질문의 질도 높아야 한다.

문학 + 배경 지식 읽기 연계 리스트

다음 표는 AR 지수 2~3점대를 기준으로 아이들이 재미있어하는 원서 시리즈와 알아두면 좋은 배경지식을 연결해 표로 나타낸 것이다. 해당 책도 읽고 관련 주제도 학습하면 이해력은 물론 사고 확장에도 도움이 될 것이다. 예를 들어 《The Wolf in Sheep's Clothing》, 《The Lion and the Mouse, Jungle Book》과 같은 책을 읽을 때 Food Chain(먹이사슬)이나 Classifying Animals(동물 분류 체계)등에 대한 배경지식을 알고 있으면 더 잘 이해할 수 있다. 또한, Slavery(노예제도), Civil War(미국 남북전쟁), Abraham Lincoln(에이브러햄 링컨) 등과 관련된 배경지식을 알고 있다면 《Civil War on Sunday(Magic Tree House_일요일의 미국 남북전쟁)》 책을 읽을 때 이해의 폭이 넓어져 더 재미있게 읽을 수 있다.

아이들이 좋아하는 원서와 알아두면 좋은 배경지식

번호	원서	배경지식
1	– The Wolf in Sheep's Clothing – The Lion and the Mouse – Jungle Book – Lions at Lunchtime(Magic Tree House Books #11) – Great–Grandpa's in the Litter Box(The Zack Files #1) – The Falcon's Feathers(A to Z Mysteries #6)	– Food Chain – Classifying Animals
2	– The Little Mermaid – Dolphins at Daybreak(Magic Tree House Books #9) – How to Speak Dolphin in Three easy Lessons(The Zack Files #11)	– Ocean Habitats
3	– The Christmas Carol – The Little Match Girl	– Winter Holidays – Winter – Seasons

4	– Uncle Tom's Cabin – Civil War on Sunday(Magic Tree House Books #21)	– Slavery – Civil War – Abraham Lincoln – George Washington – Plantation – Underground Railroad – Harriet Tubman – Martin Luther King Jr.
5	– The Arabian Nights – Mummies in the Morning(Magic Tree House Books #3) – Never Trust a Cat Who Wears Earrings(The Zack Files #7) – Evil Queen Tut and the Great Ant Pyramids(The Zack Files #16) – Me and My Mummy(The Zack Files #26) – The Missing Mummy(A to Z Mysteries #13)	– Desert – Egypt – Ancient Egypt – Mummification
6	– Afternoon of the Amazon(Magic Tree House Books #6) – Good Morning, Gorillas (Magic Tree House Books #26)	– Rainforests – Continents – Equator – Jane Goodall
7	– Midnight on the Moon(Magic Tree House Books #8)	– Moon – Planets – Solar System
8	– Polar Bears Past Bedtime(Magic Tree House Books #12) – The Panda Puzzle(A to Z Mysteries #16) – Tigers at Twilight (Magic Tree House Book #19) – Sunset of the Sabertooth (Magic Tree House Book #7)	– Arctic Habitats – North Pole – Endangered Animals – Global Warming
9	– Dingoes at Dinnertime(Magic Tree House Books #20) – The Invisible Island(A to Z Mysteries #9)	– Continents and Oceans – Australia – Landform

10	– Vacation Under the Volcano(Magic Tree House Books #13) – Earthquake in the Early Morning(Magic Tree House Books #24) – The Volcano Goddess Will See You Now(The Zack Files #9)	– Fast Land Changes
11	Thanksgiving on Thursday (Magic Tree House Books #27)	– Pilgrims – Thanksgiving
12	– A Dog of Flanders – The Orange Outlaw(A to Z Mysteries #15)	– Arts – Claude Monet – Colors – Pablo Piccaso – Vincent van Gogh
13	I'm out of My Body…Please Leave a Message(The Zack Files #6)	– U.S. Symbols – Statue of Liberty
14	– My son, the Time Traveler(The Zack Files #8) – My Grandma, Major– League Slugger(The Zack Files #24) – The Unwilling Umpire(A to Z Mysteries #21)	– Baseball – Babe Ruth – Jackie Robinson
15	Bozo the Clone(The Zack Files #10)	– Friends – Bullying – Emotions
16	– Hang a Left at Venus(The Zack Files #15) – Just Add Water…and Scream!(The Zack Files #29)	– Aliens – Planets
17	– How I Fixed the Year 1000 Problem(The Zack Files #18) – The Knight at Dawn (Magic Tree House Books #2)	– Middle Age
18	The Boy Who Cried Bigfoot(The Zack Files #19)	– Big Foot (Yeti)
19	How I Went from Bad the Verse(The Zack Files #20)	– Rhyming Words – Poem
20	– This Body Not Big Enough for Both of Us(The Zack Files #22) – Trapped in the Museum of Unnatural History(The Zack Files #25)	– Museum – Natural History – Neanderthal

21	– Greenish Eggs and Dinosaurs(The Zack Files #23) – The Canary Caper(A to Z Mysteries #3)	– Caring for Pets – Dinosaurs
22	– The White Wolf(A to Z Mysteries #23)	– Wild Animals
23	Tell a Lie and Your Butt Will Grow(The Zack Files #28)	– Honesty
24	Hours of the Olympics (Magic Tree House Book #16)	– Ancient Rome – Olympics
25	Revolutionary Wars on Wednesday (Magic Tree House Book #22)	– American Revolution – Thirteen Colonies

읽고 나서 생각하고 말하고 쓰는 것의 힘

단순히 정보를 수집하고 기억하는 것 말고, 그 수집된 정보를 자신의 것으로 만들면서 생각의 힘을 키워줄 수 있는 질문을 던진다는 것은 우리 아이들을 보다 더 건강하고 행복하며 남을 배려할 줄 아는 인재로 키워내는 일이다. 더불어 살아야 하는 세상에서 남을 이해할 수 없고 대화가 통하지 않는 사람이라면 그의 박학다식이 무슨 의미가 있겠는가? 그 지식으로 할 수 있는 것이 없다면 그 지식은 고인 물처럼 썩고 말 것이다. "구슬이 서 말이라도 꿰어야 보배다"라는 말이 있다. 자루 가득 구슬을 가지고 있다고 뽐내지 말라. 꿰지 않는다면 그것은 자루 안에 든 무거운 유리 덩어리들일 뿐이다.

충격의 임용고시 낙방, 무모한 도전을 시작하다

임용고시, 결과는 참패

대학원에 진학할 때만 해도 내가 열심히만 준비한다면 임용고시를 어렵지 않게 합격할 줄 알았다. 학부와 대학원에서도 우수한 성적으로 성적 장학금을 받아냈으며, 학원에 앉아 모의고사를 봐도 성적이 그렇게 나쁘지 않았기 때문이다. 그러나 교육통계를 포함한 교육학 과목들이 복병이었고, 결과는 낙방이었다. 그 당시 나는 이 시험의 실패가 인생 최대의 위기라 생각했다. 다시 한번 방향을 잃어버린 느낌이었기 때문이다. 울거나 우울해하지도 않았고, 그냥 뭘 해야 할지 몰라 매우 무기력했다. 나는 무작정 비행기 티켓을 구해 인도로 떠났다.

그렇게 아무런 계획 없이 한국을 떠나 40일간 인도를 여행했다. 인도에서는 거리에서, 기차 안에서, 식당 안에서 만나는 모든 사람들이 나에게 교훈을 줬다. 그 중에서도 지금까지도 가장 기억에 강하게 남는 일화가 있다.

갠지스 강가를 걷고 있는데, 한 구루(guru)가 내게 다가와서 물었다. "너 왜 여기 왔니?" 그래서 나는 있는 그대로 "저요? 저는 시험에 떨어졌는데, 뭘 할지 몰라 여기로 도망 온 거예요"라고 말했다. 그러자 그분이 "너는 시험에 떨어져서 여기 온 게 아니라, 여기에 오려고 시험에 떨어진 거라는 걸 명심해"라고 말하더니 무심한 듯 다시 가부좌를 틀고 명상에 들어갔다. 한국으로 돌아와서도 한참 동안 그 말이 내 머릿속을 맴돌았다. 그 구루는 내가 올 것을 알고 있었던 걸까?

두드려보지 않으면 열리는지 알 수 없다

실컷 여행을 하고 왔으니 이제 시험공부를 다시 하든가, 일을 해야 했다. 그런데 공부를 다시 할 엄두가 안 났다. 그래서 일단 여기저기 이력서를 넣기 시작했다. 그러다 우연히 한 학원의 구인 광고를 보게 됐다. 그런데 지원 자격이 '100% 영어로 수업이 가능한 원어민 수준'이었다. 여기서 나는 멈칫했다. '어쩌지? 나는 원어민 수준이 아닌데?' 나는 마치 뭐에 홀린 듯 무모하게 그 학원에 지원서를 넣었고, 다행히 면접 볼 기회를 얻게 되었다. 나의 영어 실력을 평가받을 것이라는 생각에 설렘 반 두려움 반으로 그 학원을 찾아갔다.

나의 걱정이 무색하리만큼 원장님은 친절하고 다정한 말투로 본인이 이 학원을 열게 된 계기와 자신의 교육 철학을 설명해주셨다. 외고를 졸업하고 학부에서도 영어를 전공했으나 본인은 정작 어릴 적 영어에 대한 흥미가 크게 없었고 그건 영어 공부가 즐겁지 않았기 때문이라고 말씀하시며 아이들이 즐겁게 영어로 말하고 쓸 수 있는 장소를 꼭 만들어주고 싶으셨다고 했다. 학원의 커리큘럼도 상세하게 설명해주셨는데 그 학원은 바로 내가 막연하게 이상적이라 생각했던, 아이들이 영어로 말하고 쓸 수 있는 판을 깔아주는 곳이었다. '내가 어린 시절에 이런 학원을 다녔다면 정말 좋았겠다'라는 생각이 들면서 그곳에서 꼭 일하고 싶었다. 그렇지만 내 머릿속은 계속 '내 영어가 원어민 수준이 아닌데 채용을 안 해주면 어떡하지?' 하는 생각으로 가득 차 있었다.

면접이 끝난 후 수업 자료를 주면서 시강 준비를 해서 그다음 날 다시 오라고 했다. 나는 '와. 내일이라니!' 내가 준비만 할 수 있다면 늘 그랬듯 한 판의 연기를 해낼 수 있다고 생각했다. 그 길로 집에 가서 나는 마인드맵 그려가며 수업 내용을 정리하면서 수업을 구상하고 거울 앞에서 밤늦게까지 연습했다. 그리고 그다음 날 시강을 성공적으로 마치고 그곳에서 일을 시작하게 되었다.

연극은 끝났다

나는 100% 영어로 진행되는 수업을 완벽하게 해내기 위해서 시간과 에너지를 모두 쏟았고 모든 수업 시간이 연극이었다 해도 과언이 아닐 만큼 열심히 수업 준비를 했다. 그런데 어느 순간, 내가 갑자기 게을러진 것도 아닌데 수업 준비하는 시간이 비약적으로 줄었고, 교실에서도 나는 더 이상 연기를 하고 있지 않았다. 그렇게 그곳에서 나의 배경지식도, 영어 실력도 성장했다. 그리고 1년 후, 나를 좋게 봐주셨던 원장님께서 내게 원장직을 권하셔서 아직 그릇이 덜 컸던 내가 열정을 불태우며 한 학원의 원장의 역할도 미리 해볼 수 있었다.

나는 그곳에서 정말 많이 배웠고 성장했다. 이 글을 빌어 대표님께 그런 기회를 주셨음에 감사하다는 말을 전해드리고 싶다.

현재 내가 가장 강조하는 배경지식 쌓기, 말하고 쓸 수 있는 기회를 제공해야한다는 것 등 모든 것이 모두 그곳에서 성공했던 경험에 기초하고 있다. 무엇보다 그곳에서 가장 신나게 일할 수 있었던 이유는 내 평생 없었던 '영어 말하기·쓰기의 장'이 열렸기 때문이다. 인도에서 만났던 그 구루의 말처럼 어쩌면 나는 임용고시에 실패해서 사교육 현장에 뛰어들게 된 것이 아니라 아이들을 위한 영어 말하기·쓰기의 멍석을 깔기 위해 임용고시에 실패했는지도 모르겠다.

3장

말하고 쓰기 Change-Up

말하기의 판을 깔아줘라

혼자서 인형극을 했던 아이

여덟 살짜리 여자아이가 방 안에서 혼자 인형극을 하고 있다. 아이는 일인 다역을 소화하며 버럭 화를 냈다가, 깔깔거리며 웃기도 한다. 그러고는 의자에 앉아 곰돌이 인형 하나를 책상 위에 올려두고, 그 인형에게 책을 읽어준다. 재미있는 내용이 나오면 “참 재밌지? 너라면 어땠을 것 같아?”라며 말도 걸어본다. 다 읽고 나면 책 내용을 영어로 정리해본다. 때로는 이야기 속 주인공을 위로하거나 응원하는 혹은 악역에게 볼멘소리를 하는 내용의 보내지 못할 편지를 쓰기도 한다.

아이는 초등학교 방학 숙제로 일기를 매일 써야 했는데 그 일기를 영어로 모두 써서 선생님에게 혼나기도 했다. 영어로 일기를 쓰면 왜 안 되느냐고 물었으나, 만족할 만한 답변을 듣지는 못한다. 또한 디즈니 영화를 수없이 보며 원어민들의 발음과 억양을 큰 소리로 반복해 따라 하면서 최대한 영화 속 주인공들과 비슷해질 때까지 연습하기도 한다. 그러나 아이의 영어는 완벽과는 거리가 멀다. 어떤 문장이 맞냐 틀리냐를 판단할 능력도 없고, 그렇게 하라고 시키는 사람도, 그 과정을 도와주는 사람도 없다. 하지만 아이는 이 과정을 즐기고 있다. 이 어린 아이의 외로운 고군분투가 약간은 슬프기도 하지만 사실 이것은 30년 전의 나의 이야기다.

영어가 그저 좋았던 아이

나는 그냥 영어가 좋았다. 영어의 발음과 억양이 신기했다. 남들보다 조금 빠른 네 살에 한글을 떼고 바로 영어책을 읽기 시작했다. 나의 부모님은 영어를 잘하지 못하셨고, 그냥 어린아이가 영어에 관심을 가지고 이것저것 읽기 시작하니 신기했다고 하셨다. 내가 어릴 때는 지금처럼 원서가 넘쳐나지 않았기 때문에 부모님을 졸라 대형 서점에 가서 구입한 원서들을 수없이 반복해서 읽었다. 그리고 일기를 쓰듯 책 내용을 공책에 두서없이 적으면서 혼자 뿌듯해했다.

지금 생각해보면 내가 일곱 살 때 현재 통용되는 AR 기준 2점대(미국 초등학교 2학년 기준) 정도의 책은 읽을 수 있었던 것 같다. 그리고 초등학교를 졸업할 무렵 5점대(미국 초등학교 5학년 기준)의 책은 어렵지 않게 읽을 수 있었다. 길 가다 외국인이 보이면 오랜만에 만난 친구라도 되는 듯 반갑게 인사를 했다. 딱히 할 말은 없었지만 나는 단지 그들이 내 말을 알아듣는지, 내가 그들의 말을 이해할 수 있는지 궁금했다.

나의 큰오빠는 내가 초등학교 때 카투사(KATUSA)에 입대했는데, 군대 동기들을 가끔 집으로 초대했다. 파란 눈동자에 노란 머리 사람들이 집에 올 때면 뭐 그리 할 말이 많은지 조잘조잘 눈치도 없이 그 무리에 끼어서 수다를 떨고 싶어했고, 그들의 말을 이해하고 싶어 안절부절했다. 오빠가 군대에서 받아온 군용품들을 내 방으로 들고 와서 영어로 쓰인 설명서들을 열심히 읽으며 뭐에 쓰는 물건인지 알아가는 재미도 있었다.

다른 건 몰라도 영어는 잘하는 학생

중학생이 되고 내 영어 실력은 멈췄다. 중학교 수준(미국 초등학생 기준 1~3)의 텍스트는 이미 나에게는 너무 쉬운 것이 되어 있었고, 내신 공부를 하며 영어 자체에 대한 흥미를 잃어갔다. 사실 나는 공부에 크게 뜻이 있던 학생이 아니었다. 영어 외 다른 과목에는 흥미가 없었다. 수학과 과학은 젬병이었고, 국어, 사회는 그나마 괜찮은 편이었다. 얼마나 공부에 관심이 없었냐면 시험 기간에 당장 오늘 무슨 과목 시험을 보는지도 모르고 등교를 했다.

예컨대 한문 시험을 보는 날인 줄 알았는데 가정 시험을 보는 날이었던 적도 있다. 어차피 두 과목 다 공부를 하지 않았기 때문에 전혀 상관이 없었다. 그래도 나는 영어책은 항상 읽었다. 하지만 그건 공부가 아니라 휴식이자 취미였다.

그러다 중학교 2학년이 되었는데, 학교에서 영어 말하기 대회를 한다고 했고 한번 도전해보고 싶었다. 지금이야 영어 말하기 대회를 한다고 하면 학원이나 학교에서 원고 작성부터 발표 연습까지 모두 도와주는데, 그때는 그런 게 있을리 만무했다. 영어 말하기 대회 참가 신청을 하고 원고를 쓰기 시작했다. 주제는 청소년들의 고충에 대한 것이었다. 어른들은 우리에게 지금이 가장 좋은 때라는데, '왜 나는 지금 즐겁지 않은가, 나의 삶이 얼마나 고되고 힘든가'를 적어 내려갔다. 어른들에게 어린 시절을 되돌아보시라고. 우리도 우리 나름대로 힘든 삶을 살고 있다고 하는 그런 사춘기 소녀의 푸념이 담긴 내용이었다. 나는 틀리거나 말거나 영어 일기를 어릴 때부터 써왔는데, 그 원고의 내용들은 대부분 나의 일기에서 발췌한 것이었다.

원고는 다 썼는데 내가 쓴 글이 문법적으로, 논리적으로 맞는지 피드백 받을 곳이 없었다. 그래서 그냥 몇 번이고 원서와 사전을 뒤적이며 필요한 표현들을 찾아가며 수정했고, 영어 선생님들을 집요하게 귀찮게 하며 질문을 했다. 원고 완성 후엔 거울을 보며 목소리 톤, 제스처, 눈빛까지 악착같이 연습했다. 그리고 나는 그 대회에서 은상을 받았다. 솔직히 받을 줄 몰랐다. 그 대회에 참가한 친구들의 실력이 쟁쟁했기 때문이다. 소위 말하는 전교에서 공부 잘한다는 학생들이 모두 모인 자리였다. 그 친구들의 눈동자는 흔들렸고, 선생님들도 의외라는 표정을 지으셨던 기억이 난다. 어쨌든 그 계기로 나는 “다른 건 몰라도 영어 하나는 잘한다”라는 이야기를 들으며 중학교를 졸업했다.

내 영어 학습이 반쪽짜리 성공인 이유

어릴 적부터 영어 학습에 대한 흥미 하나로 독하게 혼자 고군분투하며 영어를 공부했는데 들인 시간과 노력에 비해 나의 영어 학습 결과는 아주 성공적이지는 못한 것 같다. 내가 노력을 덜 했는가? 아니다. 나는 누구보다 발버둥 치며 영어를 습득하고자 했다. 그러면 무엇이 잘못인가? ‘판’이 없었던 탓이다.

나의 어린 시절을 돌아보면 도와주는 사람도 없이 혼자 영어로 말하고 쓰려고 다분히 노력했던 것 같다. 판이 깔리지 않으니 혼자 판을 만들어 그 위에서 놀아보려고 했던 것인데, 애초에 언어의 기본 목표는 의사소통인데 같이 대화를 나눌 상대가 없는 것이 문제였다. 또한 정확도를 높이려면 도와주는 사람이 하나쯤은 있었어야 했는데 그런 게 없으니 혼자 ‘아무 말 대잔치’를 한 것과 다름이 없다.

잘못된 형태의 문장이나 표현들은 화석화가 되어 고치기 쉽지 않았고 성인이 되어 의식적으로 엄청 신경 쓰면서 스스로 독하게 훈련해야 했다. 정확도에 너무 신경을 쓰면 유창성이 부족해지고, 유창성에만 너무 신경 쓰면 정확도가 무너졌다. 그 둘의 밸런스를 맞추는 일이 아직도 나에게는 나름의 스트레스다.

독하게 공부해도 쉽지 않은 영어의 길

나는 아이들에게 "판을 깔아줄게. 그리고 옆에서 도와줄게. 하지만 영어 학습의 길은 험난하니 대충 할 수도 없고, 그냥 재미있게만 할 수 있는 과정도 아니야"라고 알려준다. 그래서 나의 티칭 방식은 다소 독하고 아이들을 힘들게 한다. 숙제가 많고, 피드백도 가혹하며, 성실하지 못한 부분에 대해서도 엄격하게 대하는 편이다. 왜냐하면 그렇게 해도 영어 실력은 향상되기가 쉽지 않기 때문이다. 아무리 독하게 해도 한국에서 영어 공부하는 것은 쉽지 않다. 한국에서 열심히 12년 동안 정규교육 과정을 마치고 대학이나 대학원도 진학해봤지만 수능 성적이나 공인영어시험 성적과는 별개로 영어로 자유롭게 '잘' 말하고 쓰는 것은 어렵다. 이것은 대부분의 학부모들도 공감하는 부분일 것이다.

다양한 멍석을 준비하라

다른 모든 일도 그렇듯, 모국어가 아닌 다른 언어를 배우는 길에도 지름길은 없다. 말하기에서 정확도와 유창성을 모두 갖추려면 전 영역에서 실력을 갈고 닦아야 하며, 다양한 상황에서 부단히 '연습'해보는 수밖에 없다.

나는 단지 배운 내용을 말해보는 것에서 벗어나 서로 다른 흥미로운 판을 깔아주려 노력한다. 그것만이 아이들에게 영어 학습에 대한 흥미를 잃지 않고 꾸준히 학습할 수 있는 힘을 길러준다고 믿기 때문이다. 내가 깔아주는 다양한 멍석들은 다음과 같다.

자기 의견 발표하기

영어로 배운 내용을 발표하는 것은 비단 영어뿐만 아니라 많은 사람 앞에 서서 이야기하는 것에 대한 두려움을 극복할 수 있게 한다. 아이들의 발표 내용은 모두 녹화되며, 녹화된 영상은 네이버 밴드나 블로그에 업로드해 부모님들도 보실 수 있도록 한다. 가정 내에서 아이의 발표 영상을 함께 보면서 칭찬하고 웃으며 의미 있는 시간을 보내고 나면, 아이의 영어 자신감이 쑥쑥 오른다. 영어 실력이 급등하는 것은 어렵지만 고래도 춤추게 한다는 '칭찬'은 아이의 영어 자신감을 급속도로 끌어올린다.

또한 발표를 하기 위해 필요한 시각 자료는 레벨에 따라 마인드맵일 수도 있고 파워포인트 파일일 수도 있다. 마인드맵을 구성하는 능력은 물론, 다양한 사진과 영상을 활용해 본인의 발표 자료를 파워포인트로 직접 만들게 한다. 이러한 방식은 아이들이 초등학생을 지나 상급학교로 진학해서도 필요할 때 빛을 발하게 된다.

나는 가끔 "원장님, 블로그나 밴드에 올라간 아이들의 발표 영상을 보면 외워서 하는 것 같던데, 그게 효과가 있는 건가요?" 하는 질문을 받는다. 당연히 효과가 있다. 말해본 것은 온전히 자기 것이 된다. 해본 사람과 안 해본 사람은 차이가 날 수밖에 없다. 친구들끼리 다음 장에 나와 있는 '영어 발표 평가 양식'을 활용해 서로 발표 피드백을 주고받는 것도 좋다.

영어 발표 평가 양식

Criterion	Rating	Rating	Rating	Rating	Score
기준	Excellent	Good	Satisfactory	Needs Improvement	
	아주 우수함	우수함	보통	노력을 요함	
	Points 10~9	Points 9~8	Points 8~7	Points 7~6	
Eye Contact (관중들과 눈을 잘 마주치며 자연스럽게 발표하는가?)					
Pronunciation/ Intonation (발음이나 억양이 자연스러운가?)					
Body language/ Gesture (제스처를 적절하게사용하였는가?)					
Confidence (자신감 있게 발표하였는가?)					
Visual Aids (Poster, mind map, powerpoint) (발표에 알맞은 시각자료를 잘 구성하였는가?)					
Comment					**Total**

Speaker (발표자) : ____________________

Evaluator (평가자) : ____________________

토론하기

반드시 시사 이슈나 세계 뉴스를 주제로 토론하지 않아도 된다. 읽거나 들었던 내용을 함께 이야기 나눌 수 있는 사람이 필요하고, 그런 대화의 장이 필요할 뿐이다. 물론 영어 실력이 뒷받침된다면 이 세상이 어떻게 돌아가고 있고, 우리가 직면한 문제들이 무엇인지 생각해보며 토론하는 시간이 필요하다. 《플랜더스의 개》나 《알라딘과 요술램프》를 읽고 그 내용에 대해서 이야기해도 좋고, 하다못해 어제 본 〈미스터트롯〉의 우승자가 누가 될지에 대해 서로 의견을 나눠도 좋다. 중요한 것은 학습자 수준에 맞게 자신이 배우고 느낀 바를 스스로 말할 수 있고 남의 의견을 경청하고 한두 가지라도 상대를 설득시켜보는 연습이 필요하다는 것이다.

직접 가르치기

사람은 직접 가르쳐보면서 제대로 알게 된다. 가르치기 전에 어떤 게 중요한 핵심 내용인지 파악해야 하고, 조금 더 쉽게 이해시킬 수 있도록 준비하는 과정에서 스스로 더 잘 이해하게 되기 때문이다. 문법도 마찬가지다. 혹시 조동사에 대해 배웠는가? 가르쳐보게 하라. 제대로 모른다면 가르칠 수가 없다.

우리 학원에는 Student Teachers' Day가 있는데, 이날 수업은 학생이 선생님이 되어 배운 내용을 친구들에게 강의하는 방식으로 진행하고 있다. 이 멍석은 우리 학원 교무부장(Sara) 님의 제안으로 깔게 됐다. 그리고 그녀의 제안은 탁월했다. 이날이 되면 학생들은 긴장도 많이 하지만, 정말 즐거워한다. 강의를 하는 학생도, 그 친구의 수업을 듣는 나머지 학생들도 열심히 손을 들고 수업에 참여하면서 배운 내용을 자연스럽게 또 재미있게 복습한다.

유용한 표현 익히기

단어를 배우거나 문법 요소들을 배울 때 딱딱하게 자리에 앉아 문제만 풀지 말자. 자리에서 일어나 게임처럼 단어에 대해 설명하고 문법적으로 잘못된 부분들을 찾게 하는 과제를 주자. 그러면 좌뇌와 우뇌를 모두 사용하는 매우 효과적이고 알찬 학습 시간이 된다. 그리고 일정 표현은 외워야 자기 것이 되는 경우가 많다. 실제로 해외에 나가 한 마디도 할 수 없는 것은 영어를 '못해서'라기보다는 그런 표현을 '써본 적'이 없기 때문이다.

"헷갈려요! 잘 이해가 안돼요! 몸이 안 좋아요. 이건 너무 어려워요 도와주세요"와 같은 단순한 표현부터 "우린 만난 적 있나요? 이거면 충분해. 그 모자가 너한테 참 잘 어울린다. 우리는 참 잘 맞는다! 너 왜 그렇게 시무룩한 얼굴을 하고 있어? 안 돼. 꿈도 꾸지 마. 우리 잠깐 바람 좀 쐬자. 결정은 네가 하는 거야. 한 입 먹을래?"와 같은 일상 속에서 자주 쓰이는 표현까지. 이런 것들은 알지 못하면 소위 말하는 콩글리쉬(broken English)를 사용하게 된다. 책을 많이 읽고 미드(미국 드라마)와 영화를 많이 보면 그런게 알아서 자연스럽게 될까? 얼마나 많은 책을 읽고 미드를 보면 저런 말을 상황에 맞게 딱 내어 말하고 쓸 수 있을까?

몇 가지 예를 들면, "너 어디 갔다 왔니?"라는 말을 영어로 해야 한다고 하자. 이런 말을 보통 "Where are you from?"이라고 말하는 경우가 많다. 이건 국적을 묻는 거다. 이렇게 묻는다면 상대방은 "I am from Canada"나 "I am from America"라고 말할 것이 분명하다.

"나는 케이트와 놀았어"라는 말을 할 때도 마찬가지다. "I played with Kate"라고 한다. play 뒤에 with를 쓰면 with 뒤에 오는 것은 장난감이나 가지고 노는 대상이 되는 것이 흔하다. 이런 경우는 play with가 아니라 hang out with를 쓰는 것이 맞다. 그러나 우리는 단순히 play를 놀다, 연주하다, 스포츠 등을 일컫는 것이라 배웠고 실제로는 이렇게 사용하지 않는다는 것을 모르는 것이다.

"그 말 취소해!"라고 말하고 싶다고 하자. 취소는 cancel이니까 "Cancel it!"이라 할 것인가? 하지만 "Take it(that) back!"이 자연스러운 표현이다. "우리 떡볶이 먹으러 가자. 네 생각은 어때?"라고 묻고 싶을 때 "What's your idea?", "What's your thought?"라고 묻는 경우도 있다. 말이 안 되진 않지만 어색하다. "What do you say?"라고 말하는 것이 자연스럽다.

이런 표현은 모르면 쓸 수도 없고, 이런 질문을 받았을 때 엉뚱한 대답을 하기 마련이다. 물론 한국어처럼 같은 의미를 다른 표현으로 다양하게 사용할 수 있지만, 자주 쓰이는 표현들은 익혀둔다면 적절한 상황에서 써먹을 수 있다. 그래서 나는 방학특강 등을 통해 잘 정리된 유용한 표현들을 익히게 하고, 그것을 활용해 상황극을 하면서 그 표현을 적절하게 쓸 수 있는 장을 만들어주기도 한다. 그리고 그 상황극은 녹화해서 편집 후 재미있는 영상으로 재탄생된다.

알아두면 좋은 유용한 표현들

아래 표현들은 내가 학원에서 아이들이 꼭 필요한 유용한 표현들을 익혔으면 하는 마음으로 정리해 수업에 활용중인 자료의 일부다. 수업 시간에 사용할 수 있는 꼭 필요한 표현, 일상생활에서 유용하게 쓰일 표현 등을 모았다.

Take care. 몸 잘 챙겨.

How's school? 학교생활은 어때?

How did it go? 어떻게 됐어?

We're even. 우리 비긴 거다!

Where were we? 우리 어디까지 이야기했지?

Don't get me wrong. 오해하지 마.

I doubt it. 아닌 거 같은데.

Grow up. 철 좀 들어.

Take your time. 천천히 해.

It's on me! 내가 살게!

It's unfair! 그건 불공평해요!

I will be absent next time. 저 다음 시간 결석해요.

I left my homework at home. 숙제를 못 가져왔어요.

Do we have a test today? 우리 오늘 시험 봐요?

한국에서만 영어를 공부한 내가 한창 영어를 공부할 시기에는 유용한 표현을 얻기가 쉽지 않았다. 〈프렌즈(Friends)〉, 〈위기의 주부들(Desperate Housewives)〉, 〈아빠가 엄마를 어떻게 만났냐면(How I Met Your Mother)〉, 〈빅뱅이론(The Big Bang Theory)〉, 〈모던 패밀리(Modern Family)〉 등 다수의 미국 드라마 전 시즌을 여러 번 섭렵하며 내가 직접 수정하고 추가해서 나만의 표현집을 만들었다.

수백 번 반복하며 내 것으로 만들려고 노력했지만 그 표현들을 다 써볼 기회는 없었기에 온전히 내 것이 되지는 않았다. 그러나 적어도 우리 아이들이 유용한 표현들을 배워서 직접 써볼 수 있도록 '장'을 열어주는 것이 내 역할이라고 생각한다.

쓰기의 판을 깔아줘라

문장과 관련된 그림 그리기로 쓰기를 연습한다

단어는 절대 따로 놀지 않는다. 반드시 문맥 속에서 그 단어를 활용해봐야 한다. 이건 아주 초급 과정부터 필요한 과정이다. cat, bed, black, big이라는 단어를 배웠는가? 이 단어들을 영어와 한국어 뜻 일대일로만 암기해서는 실제로 사용하는 말과 글에서 그 단어가 적용되기 어렵다.

그래서 나는 다음과 같은 방법을 활용한다. 우선 배운 단어들을 가지고 선생님이 만든 문장들을 제시하고, 그 뜻을 알려주며, 그 문장에 맞는 그림을 그리게 한다. 이는 좌뇌와 우뇌가 같이 작동하며 단어의 뜻을 오래 기억할 수 있게 하기 위함이다.

'There is a big black cat on the bed'라고 쓰고 커다란 검은색 고양이가 침대 위에 있는 걸 그리게 한다면 아이는 문장의 뜻을 명확하게 이해하게 된다. 그다음에 under, small, white를 알려주고,

cat, bed, black, big
→ There is a big black cat on the bed.

이번에는 침대 아래에 작은 하얀색 고양이가 있다고 적어보게 한다. 틀릴 수 있지만 그래도 기존 문장을 참고해서 써볼 수 있도록 유도한다. 아이는 아마도 'There is a small white cat under the bed'라고 써낼 수 있을 것이다. 그러고 나서 침대 아래에 작은 하얀색 고양이가 있는 것을 그리게 한다. 물론 단어와 구문의 수준은 점차 높여나가면 된다. 다음은 기초적인 수준의 단어들로 만든 문장들이다. 물론 on, under, in 등과 같은 전치사도 함께 배운다.

blue, hut, fox, log, bug, boat, huge, bun, dot, cape, bed, white, flag,poke,fig,black,goat

위와 같은 단어들을 제시하면 다음과 같은 단순한 문장들을 여러개 만들어낼 수 있다.

I see a blue flag on the hut.

I see a huge fox poke a fig.

A black bug with two white dots is on the bed.

I put ham and cheese on the bun and ate it in the hut.

A goat in a black cape is in the boat.

패턴을 활용한다

기초 수준의 학생들은 스스로 멋진 패턴을 만들어 사용할 수 없다. 자연스럽게 되면 좋겠지만 혼자 하기에는 어려운 과정이다. 그래서 나는 리딩 수업을 쓰기 수업으로 마무리한다. 리딩 지문에서 나온 패턴들을 활용하여 문장을 완성해보고, 그것들을 발표할 수 있도록 지도한다. 예를 들어 교재(Bricks Reading 50.1)에 다음과 같은 지문이 있다.

I have a new friend!

His name is Ron.

He has blue eyes.

He has short hair.

He has small ears.

He has red lips.

He has a long nose.

He has a large chin.

Mom, Ron is right here.

Can he eat dinner with us?

그러면 리딩 수업 후 주어지는 쓰기 과제는 다음과 같다.

I have a new friend!

______ name is ______.

______ has ______ eyes.

______ has ______ hair.

______ has ______ ears.

______ has ______ lips.

______ has a ______ nose.

______ has a ______ chin.

Mom, ______ is right here.

Can he ______ with us?

아이들은 빈칸을 채우면서 인칭대명사를 익히고, 사람의 얼굴을 표현할 때 쓰는 다양한 형용사를 활용할 수 있다. 패턴을 활용할 때는 종이에 친구의 얼굴을 본인이 사용할 형용사에 맞게 그려보면서 머릿속에 이미지화한다. 그리고 옆 네모칸에 이미지화한 친구의 얼굴을 그려보는 활동을 한다. 그러면 해당 단어나 패턴을 훨씬 더 잘 기억하게 된다. 그 후에는 종이를 들고 서서 친구에 대해 발표하는 시간을 갖는다.

이야기로 만들게 한다

내가 운영하는 학원에는 'Be Creative'라는 쓰기 과제가 있다. 랜덤으로 그림을 제시하고, 본인이 공부하고 있는 단어들과 표현을 활용하여 자신만의 이야기를 만들어보는 과제다. 단, 본인이 사용했던 단어에는 밑줄을 쳐서 배우는 단어를 계속적으로 인식할 수 있게 지도한다. 그림은 랜덤으로 제공되니, 처음에는 그림들과 단어의 접점을 찾기 어려워서 머리를 싸매고 고민하지만 결국 아이들은 재미있는 이야기를 만들어낸다. 이야기가 멋지지 않아도 되고, 주어진 모든 단어를 사용하지 않아도 된다. 어떤 교훈이 필요한 것도 아니다. 그저 이야기를 만들어내면서 단어를 의미있게 사용하면 된다. 이것이 이 과제의 가장 큰 목적이다.

단어를 활용해 이야기 만드는 방법

다음은 제공되는 그림과 본인이 공부하는 단어를 활용해서 만든 'Be Creative' 과제의 예시다. 주어진 그림과 단어는 다음과 같다. 초급의 경우에는 주어진 단어를 모두 쓰지 않아도 된다.

spider, voice, scary, follow, faster, giggle, tickle, help, train, skinny, along

〈초급〉

I see a scary spider on my toy train. It is very skinny and big. It is so scary and I yelled. My mom comes to help me. She moves faster than the spider.

나는 장난감 기차 위에 있는 무서운 거미 한 마리를 본다. 그 거미는 비쩍 말랐고 엄청 크다. 거미가 너무 무서워서 나는 소리를 지른다. 엄마가 와서 나를 도와준다. 엄마가 그 거미보다 더 빠르게 움직인다.

〈중급〉

I went to school and found a spider on the wall. I was so scared of spiders. I asked my teacher, Kate, for help. "Who can catch this scary spider?", she said. Surprisingly, many of my classmates raised their hands. She asked one of them, Daniel, to do so. Daniel giggled and raised his skinny hand up towards the wall and caught the spider. He said he wanted to train the spider just like his pet dog. He put it on his hand. It crawled along his arm and finally sat on his shoulder. He then asked me if he could put it on my hand. Looking closely, it looked quite cute. My heart started to beat faster and I got all sweaty. With a trembling voice, I said 'Yes.' Finally, the spider was on my hand. As it moved, it gave me a little tickle. I placed it down on the floor and it started following me! Ahhhh~

나는 학교에 가서 벽에 붙어있는 거미 한 마리를 봤다. 나는 거미를 진짜 무서워한다. 나는 Kate선생님에게 도움을 청했다. 그러자 그녀는 "이 무서운 거미 잡을 수 있는사람?"이라고 말했다. 놀랍게도 우리 반의 많은 친구가 손을 들었다. 그녀는 그 중의 한명인 Daniel에게 거미를 잡아달라고 부탁했다. Daniel은 낄낄웃으면서 그의 마른 손을 벽쪽으로 향해 올려서 그 거미를 잡았다. 그는 그 거미를 그의 반려견처럼 훈련시키고 싶다고 했다. 그는 거미를 그의 손에 올려놨다. 거미는 그의 팔을 따라 기어가다가 결국 그의 어깨 위에 앉았다. 그가 내 손 위에 거미를 올려놔도 되겠냐고 물었다. 자세히 보니 거미가 꽤 귀엽기도 했다. 내 심장은 빠르게 뛰기 시작했고, 땀으로 범벅이 됐다. 나는 떨리는 목소리로 "그...그래.."라고 대답했다. 마침내 그 거미가 내 손 위에 올라왔다. 거미가 움직일때마다 조금씩 간지러웠다. 나는 거미를 바닥에 올려놨는데 거미가 나를 쫓아오기 시작했다. 으아악~

북리포트와 서머리로 마무리하기

쓰기의 멍석에는 '독후감'이 자주 등장한다.

그런데 독후감이라고 해서 거창하게 생각할 필요는 없다. 꼭 어떤 책을 읽고 멋진 교훈을 얻지 않아도 된다. 다만 어떤 것을 읽었다면 그 내용을 잘 정리하고 자신의 생각을 더해보는 일이 반드시 필요하다. 이것이 내가 독후감을 강조하는 이유다.

독후감, 즉 북리포트를 작성할 때 기초 수준의 학생들은 그 책에서 가장 재미있던 장면을 뽑아 설명하고 그에 대한 느낌을 간단히 쓰는 것만으로도 충분하다. 그러나 중급 이상부터는 꽤나 수준 높은 책을 읽기 때문에, 긴 흐름의 글을 간략히 정리하는 연습과 더불어 자신의 의견을 더하는 일이 중요한 과제가 된다.

문학 수업을 진행할 때도 역시 나는 마인드맵을 그리게 한다. 만약 책의 챕터가 10개라면 학생들은 총 11개의 마인드맵을 그리게 되는데 이는 각 챕터별 마인드맵 1개씩 그리고 책을 다 읽고 나서 전체 책의 내용에 대한 마인드맵을 그리게 되기 때문이다. 그래서 북리포트를 작성하기 전에 아이들은 이미 전체 책 내용에 대한 마인드맵을 책상 위에 올려놓을 수 있게 된다.

가장 먼저 해야 할 것은 해당 책에서 핵심 단어를 찾는 일이다. 마인드맵이 모두 핵심 단어로 이루어진 것이기 때문에 다시 책을 들춰볼 필요가 없어진다. 모두 다 같이 핵심 단어를 모아서 칠판에 정리하는 작업이 끝나면 이야기의 전개, 클라이맥스, 결론에 대해 이야기를 나눠본다. 그 후에는 등장인물들의 특성과 이야기의 배경 및 줄거리에 대해 함께 브레인스토밍(brainstorming)을 한다. 마지막에는 책의 내용 중 가장 인상 깊었던 것에 대해 이야기하는 시간을 갖는다. 이 과정이 서머리(summary)다.

앞에서 소개한 것과 같이 선생님이 상상력을 자극하는 다양한 질문들을 던지면 본문 속의 예시를 떠올리고, 자신의 삶에 같은 상황을 대입해보기도 하면서 북리포트에 어떤 의견을 써낼지 함께 이야기해보는 과정을 거친다. 그러고 나면 아이들은 진정한 의미의 북리포트를 써낼 수 있다.

오류에 대한 피드백
어떻게 줘야 하나?

유창성은 먼저 정확성은 나중에

영어를 배우고 있는 아이가 하는 말이나 글마다 쫓아다니며 혹독하게 피드백을 주는 것은 아이의 영어 유창성을 저해한다. 어릴 적 아이가 한국어를 배울 때를 떠올려보자. 할머니를 '할무이'라고 불렀으며 할아버지는 '할부지'라고 불렀고, 밥 먹고 싶다는 의사를 표현할 땐 '맘마'를 외쳤다. 그때마다 "아니지! '할. 머. 니', '할. 아. 버. 지'라고 이야기해야지!" 혹은 "맘마가 아니야! '밥' 아니면 '저녁'을 먹고 싶다고 해야지!"라고 아이를 나무랐는가?

초등학교 시절 아이가 고사리 같은 손으로 어버이날 직접 만든 종이 카네이션과 함께 짧은 카드를 건네는데 그 카드엔 이렇게 적혀 있다. "엄마 아빠 사랑해요. 내가 나중에 크면 마싯는거 마니 사줄게요." 이 카드를 받고 '맛있는 거', '많이'라고 써야 한다고 아이의 글을 첨삭해줬는가?

그저 아이가 쓴 카드에 감동받고 그간 아이 키우느라 희생하고 고생했던 시절이 주마등처럼 스쳐가며 울컥했을 부모들이 대부분일 것이다. 맞춤법이 좀 틀리면 어떤가? 우리 아이가 이렇게 기특한 마음을 가지고 편지를 써냈는데 말이다.

그런데 왜 우리는 유독 영어 문장에는 이렇게 관대하지 못할까? 단적인 예로, 아이가 "I goed home"이라고 쓰거나 말을 하면 인상을 찌푸리며 "너는 영어 배운 지가 몇 년인데 goed가 뭐니?"라면서 싫은 소리를 하고 마는 부모들이 있다. 하지만 영어를 모국어로 배우는 미국 아이들도 영어 습득 과정에서 흔히 만들어내는 오류가 'goed'다. 이 모든 오류와 시행착오는 겪을 수밖에 없는 학습 과정 중 하나다. 그런데 이렇게 영어로 무언가 말하거나 쓸 때마다 틀린 부분에 집중해서 아이에게 부정적인 피드백을 주면 아이는 입을 닫고, 본인의 문장을 부모에게 보여주지 않게 된다. 그럼 모든 오류를 고쳐주면 안 되는 것인가? 그것은 아니다.

학습자의 레벨에 따라 다르겠지만 기본적으로는 초·중급까지는 의사소통을 저해하지 않는 다소 사소한 실수(local error)는 그냥 넘겨주는 것이 좋다. 정확성에 너무 집중하면 아이의 유창성은 점점 더 멀어져간다.

오류는 어디에서 오는가?

아이의 영어 학습을 돕기 위해서는 그 과정

에서 나오는 오류들을 이해할 필요가 있다. 어떤 오류들은 영어, 즉 언어 자체에서 생기는데 "I goed home, I bringed it, he teached English to students" 같은 문장들이 바로 그 예다. 다시 말하지만 이런 오류들은 영어가 모국어인 아이들도 만들어내는 아주 흔한 것들이다. 학습자들은 처음에는 모든 단어를 현재형으로 쓰다가 과거형에는 (e)d가 붙는다는 것을 알게 되면서 모든 동사에 (e)d를 붙이는 과잉일반화(overgeneralization)를 하게 된다. 하지만 이것은 형태가 변하지 않거나, (e)d가 아닌 다른 형태로 변화하며 과거형이 되는 동사들의 예외를 배우면서 정확하게 다시 배워나갈 수 있기 때문에 크게 걱정할 부분은 아니다.

그렇다고 피드백이 전혀 없다면 "I goed home" 같은 잘못된 문장 형태가 굳어져 화석화(fossilization)된다. 그러면 그 표현은 스스로 피나는 노력을 하지 않으면 잘 고쳐지지 않는다. 따라서 적절한 시기에 불규칙 과거 동사를 알려주고, 그것들을 잘 적용할 수 있게 도와주면 된다. 어떤 오류들은 모국어 내에서 오기도 하며 따라서 영어를 배우는 사람의 모국어에 따라 서로 다른 오류가 나타난다. 한국인들은 "오늘 시험 봐요?"라고 할 때 "Do we see a test?"라고 말하는 경우가 있다. 한국어 그대로 "시험을 보다"를 영어로 바꿔서 나타나는 오류다. 마찬가지로 do exercise, do study 모두 한국어에서 오는 간섭현상이므로 이런 것은 자연스러운 영어 표현으로 바꾸어주고, 독서를 통해 바른 영어 표현을 자연스럽게 습득할 수 있도록 돕는 것이 중요하다.

중간언어 단계를 제대로 알자

모든 언어학습자는 중간언어 단계를 거치게 된다. 이는 모국어와 배우고자 하는 목표 언어의 사이 그 어딘가에 있는 언어다. 우리는 이 언어를 무시해서는 안 된다. 여러 연구에서 밝혀진 바로는 이 언어도 나름대로 체계적이고 변화무쌍하기 때문이다. Inter-language라고 불리는 중간언어는 미국의 언어학자 래리 셀린커(Larry Selinker)가 만든 용어로 다음 4단계를 거쳐 발전한다.

첫째, 아무 말 대잔치(pre-systematic) 단계다. 이 단계는 말 그대로 체계가 없이 단어를 나열하며 소통을 하기 때문에 패턴을 찾을 수 없을 정도로 오류투성이 상태다. 둘째, 출현기(emergent) 단계다. 아무 말 대잔치 단계를 넘어서는 단계로, 오류의 패턴이 조금씩 잡혀가지만 자신의 오류를 누군가 지적했을 때도 무엇이 잘못되었는지 알 수 없다. 이 상태의 학습자는 본인이 “I goed home”이라고 말하고 누군가 그 문장이 잘못되었다고 말해도, 눈을 동그랗게 뜬 채 알 수 없다는 듯 어깨를 으쓱하게 된다.

셋째, 체계화(systematic) 단계다. 이 단계에서는 본인의 오류를 누군가 지적해주면 수정할 수 있다. 예컨대 “I goed home”이라고 말했을 때, 누군가가 눈썹을 치켜들며 “I ‘goed’ home?”과 같은 피드백을 준다면 바로 “I ‘went’ home!”이라고 바꾸어 말할 수 있게 된다는 것이다. 마지막 단계는 안정화(stabilization) 단계다. 이 단계는 스스로 오류를 발견하고 바로 고쳐낼 수 있는 능력이다. 대화 중 본인이 “I goed home”이라고 말하자마자 오류를 알아채고 재

빨리 "I went home"이라고 바꾸어 말할 수 있다. 개인적으로 나 또한 제2언어로 영어를 배우고 중간언어의 모든 단계를 거쳐 간 사람으로서, 나는 안정화 단계에 있는 학습자라고 말할 수 있다. 나는 대부분의 상황에서 정확하고 유창하게 영어를 사용할 수 있지만 나의 말과 글이 100% 문법에 맞다고는 할 수 없다. 가끔은 말하면서 스스로 깨닫고 바로 고쳐 이야기하며, 글을 쓰면서 나의 오류를 발견하고 다시 쓰곤 한다.

이 과정을 부모들이나 선생님들이 꼭 이해해야 하는 이유는 바로 이것이다. 출현기 단계에 있는 아이에게 아무리 오류에 대한 피드백을 주어도 아이가 알지 못한다고 구박하지 않게 된다. 체계화 단계에 있는 아이에게는 적절하게 성향에 맞는 피드백을 자주 주면 되고, 안정화 단계에 있는 아이는 그럴 필요가 별로 없다. 알아서 고치기 때문이다. 알아서 고치는 과정을 칭찬해주기만 하면 되는 것 아닐까?

중간언어 단계와 성향에 따른 피드백

아이들의 중간언어 단계와 성향에 맞는 피드백을 주면 학습이 조금 더 효과적으로 이루어질 수 있다. 만약 학습자가 "I goed to my grandmother's house yesterday"라는 비문법적인 문장을 사용했다고 하자. 나는 이럴 때 학습자에 따라 약 네 가지의 서로 다른 피드백을 준다. 다음에 나오는 문장에서 대문자로 쓴 단어들은 강조한다는 의미로 크게 말해야 한다.

틀린 부분 강조하며 되묻기

You 'GOED' to your grandmother's house yesterday?

이렇게 피드백을 주었을 때 체계화 단계의 학생이라면 바로 went로 바꾸어 말할 수 있지만 출현기 단계의 학생은 알 수가 없다. 그때는 불규칙 과거형 동사를 알려주면 된다.

틀린 부분을 맞게 고쳐 대화를 이어나가기

Wow, you WENT to your grandmother's house? Did you have a lot of fun?

이런 피드백은 대화의 흐름을 끊지 않고 올바른 문장 형태를 한 번 알려줄 수 있는 방법이다. 틀리는 것에 대해 늘 걱정하고, 틀리면 의기소침해하는 다소 소심한 학생들에게 좋은 방법이다.

직접적으로 문법 용어를 사용하기

What is the past tense of the verb 'go'?

동사 'go'의 과거시제가 went인 것을 아는 친구는 went라고 말할 것이니, 그것을 응용해보도록 지도할 수 있고, 여전히 goed라고 말하는 친구는 went의 존재를 모르는 것이니 알려주면 된다. 물론, 알려줘도 또 틀릴 수 있다. 그러면 반복적으로 알려주면 된다.

다시 말해주길 요청하기

Pardon? What do you mean?

분명 본인이 할머니 집에 갔다고 이야기를 잘했는데 선생님이 이해를 하지 못하겠다고 다시 말하라고 한다면 본인의 발화를 다시 되짚어보게 된다. 역시 체계화 단계라면 스스로 바꿔 이야기할 수 있고, 그렇지 않다면 의아하다는 표정으로 선생님을 바라보고 있을 것이다.

뜨거운 칭찬을 하자

칭찬은 반드시 필요한 과정이다. 아이의 발표가 단순한 문장으로 만든 것이든 어떤 중대한 문제의 원인과 해결책에 대한 멋진 논리를 펴는 것이든 발표를 준비한 그들의 수고와 노력을 뜨겁게 칭찬한다. 멋진 공연을 본 듯 환호성을 지르기도 하고, 다른 친구들에게 박수를 쳐주자고 권하기도 한다. 앞서 말했듯 학원에서 찍은 발표 영상을 보고 부모들은 흐뭇한 마음으로 칭찬을 하며, 때로는 조부모님들이 영상을 보고 감동해서 휴대폰에 저장해서 보시며 아이가 올 때마다 칭찬하고 기특해한다.

이럴 때 아이들은 영어 말하기에 대한 '근자감'이 형성된다. 이런 자존감은 영어 학습에 매우 중요한 것임에 틀림없다. 이처럼 아이의 성향과 언어 발달 단계를 이해하면, 상황에 딱 맞는 피드백으로 발달 단계를 한 단계 끌어올릴 수 있다.

쓰기의 피드백

학생이 "I goed to my grandmother's house"라는 문장을 써냈을 때, 여러 방식으로 피드백을 줄 수 있다.

———	⬅ 틀린 부분이 있어요.
∨	⬅ 빠진 단어가 있어요!
?	⬅ 이해가 안 돼요! 다시 써주세요!

우리 학원 학생들의 대부분은 위의 '암호'를 알고 있다. 선생님이 그 힌트를 주면 그에 맞게 스스로 생각해서 고쳐올 수 있다. 다음 문장은 피드백 예시다.

힌트를 주고 스스로 고칠 수 있게 하기

I goed to my grandmother's house.

She takes care ∨ the baby bird.

고쳐주고 다시 쓰게 하기

I (went) to my grandmother's house.

She takes care of the baby bird.

위와 같이 피드백을 주면 학생은 'I went to my grandmother's house'라 고쳐 쓰고 잘못 썼던 부분인 'went'에 밑줄이나 동그라미를 쳐서 다시 선생님께 보여준다. 동그라미나 밑줄을 치면서 본인이 틀렸던 부분을 계속 확인할 수 있게 하고자 함이다.

또한 'take care of'는 '돌보다'는 뜻을 가지고 있다. 위의 예문에서는 'takes care'만 쓰고 'of'를 적지 않았으니 무언가 빠진 표시를 해두면, 학생이 보면서 떠올릴 수 있다. 그리고 'of'를 추가한 뒤, 'of'에 밑줄을 쳐둔다.

틀린 이유 쓰게 하기

I goed to my grandmother's house.

→ goed가 아니라 went다. 왜냐하면 go의 과거형은 goed가 아니라 went이기 때문이다.

동사의 불규칙 과거형을 배웠으나 잘못된 형태가 이미 굳어졌거나, 의식하지 않고 막 쓰고 나서 검토하지 않고 제출하는 학생들에게 주로 주어지는 과제다. 'I goed to my grandmother's house'란 문장이 왜 틀렸는지 이유를 찾아서 적어오라는 과제를 내면 학생은 이유를 써내며 확실히 자각하는 계기가 된다. 단순히 선생님이 고쳐주는 것을 따라 쓰는 것은 지루한 베껴 쓰기와 다름없는 경우가 많다. 물론 이것은 스스로 고칠 수 있는 단계에 있는 학생들에게 주어지는 과제다.

큰 소리로 읽어보기

이런 피드백은 체계화 및 안정화 단계 친구들에게 알맞은 방법이다. 본인이 쓴 글을 소리 내어 크게 읽어보면서 '뭔가 이상하다'

는 느낌을 받고 스스로 고쳐낼 수 있는 기회를 제공하기 때문이다. 큰 소리로 읽는 것은 다수의 논문에 실릴 정도로 좋은 학습법 중 하나다. 보통 언어는 말하기·쓰기·읽기·듣기를 골고루 학습해야 한다고 하는데 아이들은 글을 쓴(writing) 후에 크게 읽으면서(reading) 말하고(speaking), 듣고(listening)의 세 가지 영역을 동시에 학습한다.

남의 오류 고치기

'자기 눈의 대들보는 못 보고 남의 눈의 티끌만 본다'라는 말이 있듯이 자신의 오류보다 남의 오류가 더 잘 보인다. 나는 중급 이상의 학생들에게는 친구들이 쓴 쓰기 과제물을 보여주고 서로 피드백을 주는 방법을 택하고 있다. 중급 친구들은 주로 체계화 혹은 안정화 단계에 있다. 특히 안정화 단계 학생들은 몰라서 틀린다기보다 덤벙거리거나 검토하지 않아서 틀린다. 본인이 숙제할 때는 숙제를 빨리 끝내고 싶어서 대충 하는 경향이 있지만, 남의 글에서 틀린 곳을 찾으라고 하면 갑자기 매의 눈으로 문장들을 째려보며 잘도 찾아낸다. 재미있는 건 친구가 틀린 부분과 같은 부분을 본인도 틀리면서 다른 친구들에게 그런 피드백을 준다는 것이다.

적절한 코멘트는 '라포'를 형성하는 좋은 방법

학생이 쓴 글에 오류를 지적하는 코멘트만

주지 말고, 글의 내용에 대한 선생님의 간단한 코멘트가 있다면 학생과 좋은 관계를 형성하는 데 큰 도움이 된다. 글을 쓰는 이유는 나를 위한 기록도 있겠지만, 결국 사람들이 글을 쓰는 이유는 그 글이 남에게 읽히기를 원하고, 남이 읽을 가치가 있는 것이 되어야 한다는 기본적인 욕구가 깔려 있다고 생각한다.

그래서 비단 적절하지 못한 문법이나 어휘 사용에 대한 피드백 말고도 글 내용에 대한 짧은 코멘트가 큰 도움이 될 때가 있다. 글의 내용에 대한 지지나 응원 그리고 뜨거운 칭찬들이 글을 더 잘 쓰고 싶게 하고, 더 많은 글을 써내고 싶게 하기 때문이다. 가끔은 선생님들이 단 코멘트에 아이들이 다시 코멘트를 달면서 짧은 편지 형식으로 글이 이어지기도 한다. 이것이 어떻게 보면 진정한 쓰기의 역할은 아닐까? 아이들이 모두 멋진 논리를 가지고 첨예하고 날카로운 글을 쓸 수는 없지만, 서로를 응원하고 아낀다는 메시지를 주고받을 수 있다면 그것은 정말 글쓰기가 유의미해지는 가치 있는 일이 될 것이다. 일전에 단어를 주고 문장을 만들게 하는 과제가 있었는데, 'tease(놀리다)'와 'ugly(못생긴)'라는 영어 단어를 가지고 문장을 만드는 것이었다. 한 아이가 다음과 같이 문장을 만들어왔다.

My friends always tease me and they say I am ugly. I am very sad.

내 친구들이 내가 못생겼다고 항상 놀려서 나는 너무 슬퍼요.

나는 이 질문에 다음과 같이 이렇게 코멘트를 달았다.

Ugly? Who's ugly? How mean! You are beautiful! They don't really know how cute you are. You are lovely, sweety. Please tell me who called you ugly. I'll teach them a lesson.

못생겼다고? 누가? 걔네 진짜 못됐구나! 네가 얼마나 예쁜데! 걔네들은 네가 얼마나 귀여운지 모르는구나. 너는 정말 사랑스러워. 누가 그런 말을 했는지 선생님한테 말해줘. 내가 혼내줄게.

아이는 내 코멘트에 그냥 문장을 만들라고 해서 지어낸 거라며 걱정하지 말라는 글을 다시 써냈다(Teacher, I just made that up. Don't worry and thank you!). 그리고 그 아이는 후에 'be scared of'로 문장을 만들어내야 했는데 'I am scared of my friend's dog because it bites me'라는 문장을 쓴 후 괄호 안에 '(It's not true. Don't worry, teacher!)'라는 말을 덧붙였다. 내가 걱정할까 봐 미리 적어둔 코멘트에 크게 감동받았다. 또한 차후에 그 아이의 숙제를 훑어본 어머님으로부터 어떤 학원에서도 이런 코멘트를 받아본 적이 없다며 이렇게 세심하게 아이를 생각해주셔서 감사하다는 메시지를 받았다.

칭찬의 기술

아이에게는 혼내는 것 대신에 원하는 혹은 바람직한 행동을 했을 때 뜨겁게 칭찬해주는 것이 자존감도 높이고 행동도 교정해줄 수 있는 좋은 방법이라고 생각한다. 예컨대 아이가 집 안에서 자꾸 공을 차는 것이 곤란한 경우, 공을 찰 때마다 꾸짖는 것은 크게 도움이 되지 않는다. 대신 공을 밖에서 찼을 때 격하게 칭찬하면 아이는 더 이상 집 안에서 공을 차지 않게 된다.

사실 나는 20대까지만 해도 아이들을 크게 좋아하는 편이 아니었다. 하지만 아이들을 가르치면서 한 해 두 해 연차가 쌓이다 보니 저마다의 개성이 가득한 아이들이 참 좋아졌다. 게다가 내 주변 지인들이 아이를 낳고 그 아이들을 사랑과 정성으로 돌보는 모습을 보면서 내가 가르치는 학생들 또한 누군가에게는 세상의 전부라는 것을 깨달았다. 누군가에게는 삶의 전부일 아이를 단순히 영어 성적이나 성실도 등만으로 판단한다는 것은 정말 오만한 것이 아닐까? 아이의 자존감이 아이의 미래이며, 아이의 미래는 우리의 미래이기도 하다. 어른들은 각각의 아이들을 세심하게 지켜보고, 각자의 개성과 장점을 찾아 칭찬해주려 노력해야 한다.

체크리스트 사용하기

글을 다 쓴 후에는 체크리스트를 살펴보며 자신의 글을 다시 한 번 검토할 수 있는 시간을 갖게 하는 것도 아주 좋은 방법이다. 다음 장에 있는 체크리스트는 실제 나의 학원에서 사용되고 있으며, 아무 말 대잔치 단계 학생들을 제외하고는 모든 학생들에게 유용하다.

라이팅 체크리스트

☐ **1. 글씨가 바르고 예쁜가요?**

: 글씨는 나를 나타내주는 거울과 같습니다. 글씨를 잘 쓰면 공부하는 즐거움도 커지고, 사람들에게 좋은 인상도 심어줄 수 있어요.

☐ **2. 셀 수 없는 명사와 셀 수 있는 명사를 잘 구분했나요?**

: 셀 수 있는 명사 앞에 a/an이 붙을 수 있고, 여러 개일 경우에는 –(e)s가 붙어야 하지만, 셀 수 없는 명사에는 절대 ~ a/an/–(e)s 쓰지 않아요!

예) I have many (→ much) money.

I have a book. I have two books.

☐ **3. 시제를 모두 동일하게 사용했나요?**

: 과거 이야기를 했다가 현재 이야기를 했다가 하면 읽는 사람이 매우 혼란스러워 진답니다.

예) I went to Genie yesterday and I study (→ studied) English very hard.

☐ **4. 한 문장에는 동사가 하나만 있나요?**

예) He has a cat. (O) (동사 1개 → has) / He is have a cat. (X) (동사 2개 → is, have)

☐ **5. 전치사를 올바르게 썼나요?**

: 시간을 나타낼 때는 at, 장소를 나타낼 때는 in(좁은 범위 일 때 at), 연도/달/계절은 in, 날짜/요일/특정한 날은 on 등…

예) On Sunday, in 2003, in the morning, on March 20th

☐ 6. 문장 끝날 때는 period(마침표.), 의문문에는 question mark(물음표?), 감탄문에는 exclamation mark(느낌표!)가 있나요?

예) I am a student (X → period없음) / You are awesome! (O)
What is your name. (X → period가 아니라 question mark(?) 사용해야 함)

☐ 7. 대문자/소문자를 바르게 사용했나요?

: 문장의 시작, 사람이나 특정한 장소나 나라의 이름 등은 대문자로 시작합니다.
예) I like english. (X → English) / He lives in japan. (X → Japan)
/ My name is genie. (X → Genie)

☐ 8. a, the를 깜박하지는 않았나요?

: 셀 수 있는 특정하지 않은 명사의 앞에는 하나라면 a/an이 있어야 합니다. 특정할 경우에는 the를 쓸 수 있죠. 셀 수 없는 명사의 경우에는 a/an은 쓸 수 없지만 특정한 명사의 경우에는 the는 쓸 수 있습니다.
예) I need pen. (X → a pen) / I ate an apple. (O)
I bought a book and the book was very interesting. (O)

☐ 9. 혹시, 본인이 쓴 글이라기보다 책이나 사전 등에 있는 문장을 그대로 가져오지는 않았나요?

: 좋은 표현을 읽어보고, 써보고, 자신의 것으로 만들고자 하는 노력은 중요하지만, 기계적으로 남이 쓴 표현을 그대로만 쓴다면 영어 실력이 향상되지 않을 거예요!

☐ 10. 스펠링이 정확한가요?

: 스펠링을 올바르게 썼는지 꼭 확인하세요!

☐ 11. 같은 단어가 너무 많이 반복되지는 않나요?

: 비슷한 의미를 가진 다른 단어로 바꿔주세요(동의어 사용하기). 그리고 너무 기본 단어만 쓰지 말고, 수업시간에 배웠던 단어를 활용해보도록 노력하세요!

LA에서 배운 교훈

유학 못 간 한을 여행으로 풀었다

나는 유학을 가지 못했던 것이 나름의 한으로 남아 있었다. 그래서 개인적 보상 차원에서 해외여행을 많이 다녔다. 세어보니 30개국 정도 되는 것 같다. 내가 악착같이 공부했던 영어의 '쓸모'를 체험해보고 싶었고, 내 영어 실력을 직접 검증해보고 싶었다. 또한 일을 시작하고부터는 나에게 여행은 워커홀릭으로부터 벗어나기 위한 수단이기도 했다. 늘 해야 할 일로 꽉 찬 스케줄을 따라가는 것이 아닌 "이제 뭐할까?"로 하루를 시작하는 기분이 참 좋았다. 계획이 틀어져도 틀어진 대로 또 다른 경험을 할 수 있었다.

여행지에서 알게 되는 사람들은 대부분 친절하고 우호적이었지만, 꼭 한두 명씩 그렇지 않은 사람들을 만나게 됐다. 어릴 적엔 단지 영어를 잘하고 싶다는 생각으로 영어 공부를 했다면 20대엔 타국에서 겪는 인종차별이나 부당한 대우에 맞서기 위해 영어 공부의 끈을 놓지 못했던 것 같다. 말 그대로 해외에서 '영어로 싸우는 기술'이 부족해 말문이 턱 막히는 경험을 했다. 그리고 이런 경험은 내가 이를 악물고 인종차별에 맞서 잘 싸우기 위해 더욱 열심히 영어 공부를 하는 계기가 되었다.

영어로 말은 하는데 글자는 못 읽나 봐?

20대 중반, 나의 첫 영어권 여행지는 미국이었다. 의사소통이 문제없이 가능해서 열심히 공부했던 것이 헛되지 않았다는 생각에 무척 기쁘고 뿌듯했다. 그런데 문제는 화가 나면 영어 말문이 턱 막힌다는 것이었다. 왜? 나는 단 한 번도 영어로 강력한 주장을 해본 적이 없었던 것이다.

LA공항에 내려 예약한 호텔의 셔틀이 어디 있나 찾고 있었는데 어찌 된 건지 찾을 수가 없었다. 결국 호텔로 전화를 걸어 물었다. 그랬더니 전화받은 사람이 "공항에 있는데 왜 몰라? 말은 잘하는데 영어는 못 읽나 봐?" 하며 웃었다. 그래서 뭐가 우습냐고(What's so funny?) 물었더니 그제야 설명을 하기 시작했다. 설명이고 뭐고 화가 나서 말문이 턱 막혔다. '한국어로 해야 시원하게 한마디 날려줄 수 있을 것 같은데, 영어로 하자니 왜 자꾸 고상한 단어만 떠오르면서 이렇게 어려운 걸까?'라는 생각이 들었다.

호텔 체크인을 하며 아까 통화했던 직원을 찾았다. 그 사람 이름을 알아두었어야 했는데 그럴 경황도 없던 거다. 프런트에 있는 사람 중에는 그 직원이 없다고 해서 매니저를 불러 자초지종을 설명하며 전 세계적으로 체인이 있는 호텔에서 이런 대응이 말이 되느냐고 컴플레인을 했다. 매니저의 사과를 받고 이제 객실로 올라가려는데 구석에서 낄낄대는 직원 한 명을 발견했다. "당신이었군요?(It was you, wasn't it?)"라고 물었으나 그는 어깨를 으쓱하며 그게 무슨 소리냐며 영문을 모르겠다는 표정을 지었다.

아무리 생각해도 그 사람인 것 같았지만 다시 말문이 막힌 나는 어쩔 수 없이 객실로 향했다. 그날 밤 나는 분해서 잠을 이루지 못했고, 어떻게 말했어야 했는지 종이에 쓰기 시작했다. 이런 일이 또 생긴다면 차분하게 적절한 문장을 생각해내리라 다짐했다.

너, 감당할 수 있겠니?

그 다음부터는 지지 않았다. 이번엔 호주의 한 슈퍼마켓에서 있었던 일이다. 그곳에선 커다란 바게트가 단돈 1달러라 여행하는 동안 자주 먹었다. 바게트 하나를 들고 나오는데 직원이 나를 매우 의심스럽게 위아래로 훑어보며 내 가방을 보자고 했다. 게다가 그 말을 비아냥거리는 말투로 매우 천천히, 또박또박, 크게 말했다. "Let. me. see. your. bag."

내가 영어를 알아듣지 못하는 사람이라 생각하는 것 같았다. 그래서 나는 그에게 말을 원래 그렇게 천천히 하는 편이냐고 빠른 속도로 되물은 후 내 가방을 봐야 하는 이유를 물었다.(Do you usually speak that slow and why do you need to see what's inside my backpack?) 그러자 본인은 가방을 체크할 의무가 있다고 했다. 그 순간, 내 머릿속엔 LA에서의 흑역사의 날에 정리해봤던 말들과 각종 미드·영화를 보며 섭렵했던 표현들이 떠올랐다. '오늘이구나. 드디어 올 게 왔구나. 그래 해보자.' 심호흡을 하고 나는 여유 있다는 듯 약간의 미소를 지으며 그에게 이렇게 말했다.

"와! 여기 무슨 공항인줄? 모든 사람들의 가방을 체크하나요?(What! am I in the airport or what? Do you usually check people's backpacks like this?)" 그 와중에 막 계산을 마치고 나가려는 백인 여자를 향해 외쳤다.

"저기요 실례지만 잠깐만요! 가방 체크 안 하셨어요!(Excuse me, hold on! He didn't check your backpack yet!)" 그녀는 체구 작은 한 동양인의 갑작스러운 외침에 당황해하며 서 있었다. 나는 직원에게 저분의 가방도 체크하라고 요청했다. 그랬더니 그가 말하길 그분은 그냥 가셔도 된단다. 그래서 "왜 저 사람은 괜찮고, 나 같은 동양인은 그럴 수 없죠? 이게 그 말로만 듣던 인종차별이에요?(Why is she free to go and an Asian like me cannot? Or is this the racism I heard about?)"라고 물었다. 그랬더니 "그게 아니라 무언가 훔치지 않았으면 보여주면 될 것인데 왜 그게 그렇게 어려운 일이에요?"라고 물었다. 그래서 지금 기분이 매우 상해서(offended) 너무 어려운 일이라고 답했다. 그리고 "당신은 나의 개인 물품인 이 가방을 열었을 때, 의심 갈 만한 물건이 하나도 없으면 어떻게 하겠어요?(What would you do if you do not find anything once you open up my backpack?)"라고 물었더니 어깨를 으쓱하며 모르겠다는 표정을 지었다.

"만약 나는 그런 경우 어떤 조치든 취할 것인데, 그러면 당신은 지금 이 순간을 후회하게 될 거예요(When that happens I am going to do something and whatever that may be, you will regret it)"라고 말했다. 이어 혹시 당신은 인종차별로 인한 고소를 당해본 적이 있냐고, 그걸 당신이 감당할 수 있을지 모르겠으니 사장이나 매니저를 부르라고, 그러지 않으면 나는 이 계산대에서 단 한 발자국도 움직이지 않을 것이며, 당신이 정 내 가방 속을 보고 싶으면 경찰을 부르라고 했다.(Have you ever been sued for racism before? I don't think that it is something you cannot handle, so you had better call your manager or your boss. Otherwise, I will not be moving, not even an inch.

You might want to call the police.)

결국 매니저가 나왔고 나는 매니저가 요구하지 않았음에도, 가방을 열어 가방 속을 보여줬다. 내 가방 속에는 여권, 지갑, 여행책자, 다이어리뿐이었다. 그는 내게 정중하게 사과했고, 나는 "당신 직원, 나한테 고소당할 뻔했어요.(Your man was just about to get sued.)"라고 말하며 사람 고쳐 쓰기 힘드니 다른 사람 고용해보는 것도 고려해보라고 덧붙였다. 그러고 나서 그 직원에게 "방금 저 사람이 널 구해줬네. 고마워해.(He just saved your ass. Should be grateful.)"라고 말하면서 눈으로만 웃어주며 마트를 나왔다.

사실 나는 그를 고소하지 못했을 거다. 내가 뭐 대단한 사람이나 되는 것처럼 연기하며 그 상황을 당당히 맞설 수 있었던 것은 그저 미드와 영화를 보며 잘 싸우기 위한 표현들을 모아놨던 덕이다. 그리고 내가 가지고 있는 근거 없는 '깡' 덕분이었다.

Yes I can, but I won't(할 수 있지만 안 할래)

이번에는 한국에서 있었던 일이다. 산책을 하다 집 앞 공원에서 쉬고 있었다. 일부 한국 사람들은 동남아 외국인들에게 불친절하게 굴며 그들이 서툰 한국어로 어렵게 무언가 물어오면 한국어로 퉁명스레 대답한다. 그러나 서양인이 영어로 무언가 물어오면 한국인임에도 영어를 못한다는 부끄러움과 함께 영어로 잘 설명해주지 못해 미안함과 당황스러운 눈빛을 보인다. 이게 정말 인종차별이다. 이런 사람들은 해외 나가서도 인종차별 받았다고 푸념하지 말기를 바란다. 그날도 마찬가지도 서양인 두 명에게 영어로 질문을 받은 한국인 남자가 어려움을 겪고 있었다. '도와줄까?' 하는 마음에 그쪽으로 다가가는데 그 서양인 중 한 명이 “아 멍청한 한국인들. 한국에선 이렇게 영어가 안 통해”라고 말했다. 나는 가만히 있을 수 없어 “실례합니다.(Excuse me.)”라고 먼저 말한 뒤 이어서 이렇게 말했다.

“뭐가 문제지? 니들이 한국으로 놀러온 주제에 한국어 한마디 공부하지 않고 온 게 자랑이니? 한국에 살고 있는 한국인이 영어를 못하는데 그게 왜 문제가 되니? 이게 답답하면 너네 나라에서 그냥 있던가 왜 이 먼 나라까지 와서 헛소리를 하고 있지?(What is your problem? Don't you think it should be you studying Korean when you are in Korea? I don't see anything wrong with him not being able to speak English. If you can't stand this then, why don't you go back to your home and stop wasting your time?)”

그랬더니 그들은 반색을 하며 “오! 너 영어를 하는구나! 우리가 말이야, 여기를 가려는데 좀 알려줄 수 있을까?”라고 하길래 나의 첫 마디는 이거였다. “응 맞아.(Yes, I can but I won't.)” “나는 너희들이 하는 말 다 알아들을 수 있고, 친절히 설명해줄 수 있지만 난 해주지 않을 거야. 그게 너희들의 못된 언행의 결과다.(You are right. I CAN understand everything you say and I CAN explain what you need kindly but I won't because you are rude. And this is the consequence of it.)”라고 말하고 돌아섰다.

말도 해본 사람이 잘한다. 뭐든 해봐야 느는 거다. LA에서의 경험이 없었다면 나는 이런 사이다 같은 멘트를 날릴 수 없었을 것이다. Yes I can, but I won't. 사실 이 표현은 유명한 미국 드라마 〈프렌즈〉에서 피비가 했던 말이다. 평소에 적어두고 몇 번이고 되뇌던 표현인데, 이 말을 결국 쓰는 날이 오고야 만 것이다.

Jino-T

The Best Way to Learn English

"Didn't you do your homework? Then pack your bags and go home." This was what I had heard from my English teachers, especially Kate. Thinking back, I think she said those things as she had no reasons to teach me without homework. Just like you, as a student, I REALLY hated to study. However, I always got a high score in English and you might wonder how this might have been possible.

Many people want English proficiency so they attend a lot of academies and work hard. Most of them, however, fail at what they have attempted. Then they say that they chose a 'wrong' academy. This leads me to my next question, then, why do nearly all people fail to be fluent in English? I believe that the key to language learning is not just about the amount of time and effort they spend but also 'how they received the input'.

How did we learn to speak Korean? This simple question will help you understand the basic principle of learning a language. We did not attend an academy where teachers taught us how to speak Korean. Instead, we spent our whole life speaking the language. We did not spend a single dollar for it. In other words, when we use a language in our daily lives, we can be what's called 'fluent'. However, in Korea it is not possible for students to use English in their daily lives. So, students should pick a place where they can maximize the amount of English they can speak or write.

Let me tell you how I learnt English. I attended an English kindergarten. There, we listened to pop songs and tried to speak everything in English. I naturally became familiar with the language. After graduating, I attended "Brainiac" where I met teacher Kate. Back then, I thought she was going to kill me with homework. Not to mention the load.. it really was truly tremendous. She always wanted me to speak or write about what I had just read or listened to. I had to write an essay, and make presentations in English. Making an Elementary student to write an Essay? I thought it was nonsense. But, because she was so scary, I had to do the given task. Naturally, I became used to making ppt. and presentations. As I was so exposed to English, I became familiar in using English when I speak and write.

Some people might say that speaking and writing are not important. Those people just want their child to get good grades in an entrance examination system. I cannot but admit that we should get a good score in the entrance examination test as it is surely the most important test in Korea. However, I would also want to say that the way I learned English also helped me taking such tests. During my middle and high school years, I did not put much effort in studying English but I got a high score on my exams. Furthermore, I always got a high grade for the College Entrance exam without studying hard. By looking at my case, we can learn that I am not only fluent in English but also get high scores at any types of English tests.

Thinking about my past, I was so happy that I got much exposure to English and had plenty of opportunities to speak and write it. In the process, I gained confidence in speaking and debating. As a result, I won a lot of contests not only English but also Korean. I believe that the process I learned the language developed my language skills and confidence. I would really like to appreciate teachers who forced me to do my work. Now I have a strong weapon to fight against other people in society. So keep calm and feel free to speak and write in English!

Kate-T

THE REASON WHY I MADE GENIE ENGLISH

Alone in a bedroom, is a little girl playing with her dolls. She talks to them, reads to them, and even sharesher thoughts on a book she has just read. She then goes on to perform her own little stage, singing, dancing and even starts to recite the lines from her favorite books. All girls of her age do this and it seems as if nothing really special is going on. But when looking closely, she isn't talking to them in Korean, but rather in a second language, English. It is apparent, that this little girl adores English.

However, her English is far from perfect. This eight-year-old, who seems to talk and write as if she owns the language, never really had the chance to properly learn it. Implicit learning is assumed to be done by children, but this is possible only when they have the environment that surrounds them with the language.

For her, she lacked ample interaction of her second language; hence she just exposed herself to it as much as possible, which seemed to be never enough no matter how much she had assimilated with her endeavor. Moreover, no one was there to guide or correct her so all she could do was to blurt out all the words she knew and somehow put them into sentences. She had never received the encouragements or feedback she needed after trying to speak with great earnestness, or even after writing driven pieces of work she had so brilliantly written. Not knowing exactly what and how to improve it, she sometimes felt frustrated but she never gave up and kept pushing forward in a lonely battle with herself. Now she seems to have established virtuosity to survive in this long and tiring battle. However, it is still not over, and it may not be over until she stops breathing. Interestingly, this eight-year-old girl is me thirty years ago.

A surrounding where I could properly learn to speak and write English was something that I had always longed for. Like all other countries, Korea also fails to meet the demands of so many eight-year-olds like myself. In the highly demanding educational arena of this country, the majority of our children excel in many subjects, while also performing well in tests. On the contrary however, a large percentage of them cannot speak or write 'good' English. This is the main reason why I was driven to provide students, the field of speaking and writing the language, a decent and remarkable environment that I should have had in the past, Genie English.

It's natural for you to not be perfect and you shouldn't be afraid of making mistakes. What you have to do is just simply speak and write in English as much as possible. Luckily, you have teachers who are willing to listen to you, read what you have written, and give you proper feedback!

This is what Genie English offers, a great exposure to English with a systematic curriculum with an appreciable amount of opportunities to speak and write, and most of all, competent teachers who are aware of second language acquisition and wield strategies that match language proficiency. Fortunately for you, the path has been set.

4장

문법과 단어 Change-Up

문법, 유레카를 외치게 하라

문법, 배워야 하나?

우리는 모국어인 한국어를 배울 때 문법을 따로 공부할 필요가 없었다. 그야말로 노출이 매우 충분했으므로 자연스럽게 습득할 수 있었기 때문이다. 하지만 해당 언어에 대한 노출이 매우 제한적인 외국어를 학습할 때는 발화의 정확성을 위해서 문법 학습을 간과해서는 안 된다. 언어학자 크라센에 따르면 학습자는 이해 가능한 인풋이 있다면 자연스러운 의사소통을 통해 언어를 습득할 수 있다고 한다.

여기서 '이해 가능한 인풋'이라는 것은 학습자 본인의 현재 수준보다 한 단계 높은 자료(i+1)이다(i는 학습자의 현재 언어 수준을 의미한다). 언어적 인풋이 아무리 많이 주어져도, 학습자들의 발화로 바로 이어지지 못하고, 중간에 침묵기(silent period)를 거치게 된다.

침묵기의 기간은 학습자마다 다르기 때문에 어떤 아이가 오랜

기간 영어를 공부했음에도 불구하고 입을 열지 않는다고 해도 크게 이상한 것이 아닐 수 있다.

또한, 개인 학습자의 침묵기가 길어지는 경우, 그들의 정의적 요인을 고려해볼 필요가 있다. 학습자들은 저마다 '정의적 여과막'을 가지고 있는데 이 여과막이 불필요하게 높을 경우 학습에 장애가 되기도 한다.

학습에 대한 동기나 흥미가 낮아 자신감도 낮고, 불안감은 높을 경우에는 많은 인풋이 주어져도 그것들을 흡수해서 발화로 이어지기가 쉽지 않기 때문이다. "왜 입을 열지 않느냐"라고 채근하기보다는 학습 동기를 높여주고, 긍정적인 피드백을 통해 자신감과 성취감을 느끼게 해주고, 오류를 만들어내는 것에 대한 불안감을 덜 느끼게 해주어야 한다.

언어 '학습' 시 문법 공부는 필수다

크라센은 언어 학습과 언어 습득을 두 개의 서로 다른 과정으로 보았다. 습득은 우리가 한국에서 한국어를 배우듯 자연스러운 언어 환경에서 무의식적으로 언어를 배우는 과정을 말하고, 학습은 한국에서 영어를 배우는 것처럼 교실 상황에서 언어의 규칙에 집중해서 의식적으로 배우는 과정을 말한다. 한국은 EFL(English as a Foreign Language)환경이기 때문에 영어를 습득한다기보다 '학습'해야 하는 것이 현실이다.

여기서 주목할 점은 영어를 학습하는 경우 배웠던 지식이 모니터링 과정을 거쳐 말하기와 쓰기로 이어진다는 것이다. 모니터란 학습자가 목표언어를 말하거나 쓸 때 오류를 미리 감지해서 수정할 수 있게 하는 가상의 장치다. 이것이 바로 영어 학습에 있어서 문법의 역할이다.

물론 성공적으로 모니터하기 위해서는 충분한 시간과 연습이 필요하다. 단순히 문법 문제만 풀기 위한 문법 공부가 아니라 실제로 말해보고, 써보면서 모니터가 끊임없이 작동할 수 있도록 해야 한다는 것이다. 아이의 영어 학습이 성공적이길 바란다면 더욱더 자신감을 느끼고 즐겁게 영어를 접할 수 있게 해주는 동시에, 실제로 영어로 말을 하고 글을 쓸 수 있는 장을 제시해주어야 한다.

룰은 네가 직접 찾아

언어교육에 있어서 문법의 역할이나 중요성 등은 각 시대의 지배적인 언어 습득 이론에 따라 변화해오고 있다. 그래서 학자들마다 가장 효과적인 문법 지도방식에 대해서도 의견을 달리하고 있으며 현재까지도 그 합의점에 이르기는 쉽지 않은 것으로 보인다. 개인적으로 문법을 가르칠 때 나는 수학 공식처럼 문법 규칙을 제시하고 암기하게 하기보다는 여러 가지 예문을 통해 스스로 룰을 도출해 나가는 귀납적인 방식을 택하는 것이 더 효과적이라고 생각한다.

현재완료의 네 가지 용법은 이것으로 완료!

다음은 현재완료의 계속적 용법 이해를 돕기 위해 내가 가장 먼저 하는 대화 내용이다. “피아노 칠 줄 아는 사람?” 대다수가 손을 든다. “나는 피아노를 친다를 영어로 하면?”이라고 물으면 “I play the piano”라고 답한다. “혹시 어제도 피아노 친 사람?” 몇 명이 손을 든다. 그렇다면 “나는 어제 피아노를 쳤어를 영어로 하면?”, “I played the piano yesterday”라고 답한다.

이번엔 학생 한 명을 지목해 피아노를 언제부터 배우기 시작했냐고 묻는다. 2년 전부터 배웠다길래 “너는 2년 전에 피아노를 치기 시작해서 지금도 피아노를 치는 연습을 하고 있네? 그걸 어떻게 영어로 말할까?”라고 묻는다. “I have played the piano”라고 답한다. “2년 동안 그렇게 하고 있는 거니까 ‘I have played the piano for two years’라고 해야겠지? 그러면 ‘2019년부터 배우기 시작해서 지금도 쳐요’라고 영어로 말하고 싶으면?”, “I have played the piano since 2019”라고 답한다. 물론 이 이후에 since와 for의 차이도 스스로 생각해볼 수 있도록 유도해야 한다.

I play the piano.

I played the piano.

I will play the piano.

I am playing the piano.

I was playing the piano.

I will be playing the piano.

I have played the piano.

He has played the piano.

두 번째는 현재완료의 경험과 결과를 비교해주며 이해를 돕는다. "She is in Korea. 자, 그녀는 지금 어디 있지?"라고 묻는다. 그러면 아이들은 "한국요"라고 대답한다. "그렇다면 She has been to Korea. 자, 그녀는 어디 있어?" 이 질문에 아이들은 "어디 있는지 몰라요"라고 해야 맞다. "She has been to Korea"는 그녀가 한국에 가본 적이 있다는 '경험'을 이야기할 뿐, 그녀가 현재 어디에 있는지는 알 수 없기 때문이다.

마지막으로 "She has gone to Korea. 그녀는 어디에 있지?", "한국요.", "맞아. 그녀는 한국으로 가버렸어. 그러니 아직도 한국에 있겠지." 이런 식으로 아이들과 주고받기 문답을 하고 나면 현재완료를 더 잘 이해하게 된다.

경험상 고등학생들과 성인들도 "She has been to Korea, She has gone to Korea, She is in Korea" 등과 같은 문장들을 구별하기 어려워했다. 이론 설명만으로는 부족하다. 풍부한 예를 들며 스스로 룰을 도출하게 하는 연습이 확실히 중요하다.

She has gone to India.(그녀는 과거에 인도에 가서 아직도 인도에 있다. 즉 그녀는 인도로 가버렸다.)

She went to India. (그녀는 과거에 인도로 갔다. 지금은 어디에 있는지 알 수 없다.)

She has been to India. (그녀는 인도에 가본 '경험'이 있다.)

She is in India. (그녀는 지금 현재 인도에 있다.)

세 번째는 현재완료의 결과 용법을 조금 더 설명한다. 이 부분을 유독 이해하기 어려워하는 학생들이 많다. 이런 때에도 방법이 있다. 예를 들어 반 친구 중 한 명이 결석했다고 가정하고, 학생들에게 그 친구가 왜 결석했냐고 물어볼 테니 영어로 다리가 부러졌다고 대답해보도록 유도한다. 그런 경우 대다수가 "He broke his legs"라고 대답한다. 그러면 나는 이렇게 되묻는다. "그런데 왜 오늘 안 온 건데?" 학생들은 왜 같은 질문을 또 하냐는 표정을 지으며 "He broke his legs!"라고 소리친다.

그러면 나는 이렇게 되묻는다. "그러니까! 과거에 다리가 부러진 건데, 그건 그거고. 왜 오늘 못 오는 거냐고?" 그러면 아이들은 이렇게 대답한다. "걔 다리가 아직도 부러져 있어서요." 그럼 이제 의미를 설명해줄 수 있게 된다. "그렇구나! 그럴 때는 'He has broken his legs'라고 써야 과거에 다리가 부러져서 그 결과로 아직도 다리가 낫지 않았다는 의미가 되는 거야."

He has broken his legs.(과거에 다리가 부러져서 아직도 부러져 있음)

She has gone to Mexico.(그녀는 과거에 멕시코로 가버렸다. 그래서 아직도 거기에 있다.)

I have lost the book.(나는 그 책을 과거에 잃어버렸고 아직도 못 찾았다.)

네 번째는 완료다. 이것도 쉽게 설명하는 방법이 있다. 칠판에 그냥 아무 문장이나 적는다. 그리고 이렇게 이야기해준다. "자, 지금부터 이 칠판에 적힌 문장들을 모두 쓰는 것이 숙제야. 다 쓴 사람은 다 했다고 영어로 말해주세요." 한 친구가 가장 먼저 "I am done!"을 외친다. "그래! 지금, 지금 바로 이 순간! 숙제를 끝내고 펜을 내려놓는 이 순간! 너는 'I have done my homework!'라고 말해야 해!"라고 하며 해당 문장을 칠판에 적는다.

다른 친구들이 모두 하나둘씩 문장을 다 쓰고 "I have done my homework!"라 외친다. 모두가 문장을 다 쓰고 나면 나는 다시 맨 처음 손을 들었던 친구에게 "너 숙제 다 했니?"라고 물어보자 그 친구는 "I have done my homework"라고 대답한다. "땡! 너는 방금 숙제를 끝내지 않았는데? 아까 끝냈는데? 그럼 뭐라고 하지?" 학생은 이제 이렇게 대답할 수 있다. "I did my homework." 이렇게 배운다. 문법은 문장 속에서 생생하게 살아 있다.

I have done my homework.(나는 지금 막 숙제를 끝냈다.)

I did my homework.(과거의 언젠가 나는 숙제를 끝냈다.)

She has just left.(그녀는 지금 막 나갔다. 아마도 뛰어나가서 그녀를 부르면 그녀를 불러 세울 수 있을지도 모른다.)

She left.(그녀는 과거에 떠났다. 이 근처에 없다)

The train has just arrived.(기차가 지금 막 도착했다. 뛰어가면 아마 그 기차를 탈 수도 있다. 물론 그럴 수 없을 수도 있지만.)

The train arrived.(기차가 도착했었다. 과거에.)

현재형과 현재진행 차이 익히기

현재형과 진행형은 많은 학생이 언제 써야 할지 헷갈려 하는 부분이다. 이것을 가르치기 위해서 나는 수업 중에 갑자기 춤을 추기도 한다. 그러면 아이들은 당황하는 눈빛을 서로 교환한다. 춤을 추며 아이들에게 이렇게 질문을 한다.

"What am I doing now?" 그러면 아이들은 자연스럽게 대답한다. "You are dancing." "Yes! I am dancing right now!" 그리고 나는 춤추기를 멈추고 다시 묻는다. "What am I doing now?" 그러면 아이들은 서로 다른 대답을 내놓는다. "Nothing." "You are talking." "You are asking us a question." 그러면 나는 다시 묻는다. "What did I do 1 minute ago?" 그러면 아이들은 "You danced"라고 한다.

나는 설명을 이어나간다. "나는 춤을 잘 못 추는데 춤추는 걸 좋아해서 어제도 춤을 췄고, 오늘도 방금 너희들 앞에서 춤을 췄고, 내일도 출 거거든? 그럼 뭐라고 하지? 이게 나의 습관이자 취미이자 늘 하는 그런 거." 그런 건 "I dance."라고 말해야 해.

I dance.(어제도 오늘도 아마 내일도, 나는 춤을 춘다)

I am dancing.(나는 지금 춤을 추고 있다. 내가 어제 춤을 추지 않았을 수도 있고, 내일도 출지 안 출지를 모르지만 어쨌든 지금은 춤을 추고 있다.)

She steals.(그녀는 뭔가를 훔치는 습관 또는 버릇이 있다. 혹은 그것이 그녀의 직업이다.)

She is stealing the book!(지금 이 순간 그녀가 그 책을 훔치고 있어!)

He watches TV.(그는 어제도 오늘도 아마 내일도 TV를 보는 그런 사람이다.)

He is watching TV.(그가 TV를 늘 보는 사람인지는 알 수 없지만 어쨌든 적어도 지금은 TV를 보는 중이다.)

두 번째 예는 아이들에게 좀 더 밀접한 내용을 활용하는 것이다. "너희들은 학생이니까 매일 공부를 하잖아. 방에서 영어 공부를 하고 있는데 엄마가 와서 영어 공부를 하라고 하셨어. 그러면 너희들은 뭐라고 하지?" "Mom! I am studying English now!"

"누군가가 너에게 너는 어떤 외국어를 배우고 있냐고 물었다면 뭐라고 해야 할까? 넌 어제도, 오늘도, 내일도, 아마 다음 주에도 영어를 공부하겠지? 지금만 하는 건 아니고, 과거에만 한 것도 아니야. 늘 해야 하는 너의 숙명 같은 거지. 그런 경우 'I study English'라고 말하면 되겠지."

He studies English.(그는 영어를 공부한다. 직업은 아마도 학생일 것이다.)

He is studying English.(그는 지금 영어 공부를 하고 있는 중이다.)

세 번째는 이런 질문이다. "네가 부모님이 외출하신 사이 하루 종일 집에서 TV를 보고 있었어. 부모님이 들어오셔서 너는 TV를 끄고 방에 들어가서 공부하는 척을 시작했지. 그런데 아빠가 와서 TV를 그만보라고 했어. 그럼 뭐라고 말해야 하지?" "Dad! I am not watching TV now!" "그런데 예를 들면 나는 평소에 TV를 안 보거든? 어제도 안 봤고, 오늘도 안 봤고, 아마 내일도 안 볼 거야. 그럼 나는 원래 TV를 잘 안 보는 사람이잖아. 이런 말은 영어로 어떻게 하지?" "I don't watch TV."

She doesn't watch TV.(늘 TV를 안 봄)

She is not watching TV.(지금만 TV를 안 봄)

나는 대학에 와서야 처음으로 문법을 귀납적으로 접해봤는데, 교수님께서 강의를 시작하자마자 아무 말도 안 하시고 분필로 흑판 가득 문장을 잔뜩 써놓으시고는, "여러분, 이게 오늘의 주제입니다. 차이점이 뭡니까? 10분 드립니다"라고 하셨다. 나는 그때 '아, 문법을 이렇게 접근할 수도 있구나. 왜 대학에 와서야 이런 방법을 배울 수 있나?'라고 생각했다. 우리 아이들도 어릴 때부터 이런 것에 익숙해지면 문법뿐만 아니라 일상생활에서 마주치는 문제들도 비판적으로 생각하는 힘이 생길 것이라 확신한다.

문법 문제보다 중요한 건 말과 글의 정확도

문법 요소들을 공부한 후에 문제를 푸는 것도 물론 중요하다. 하지만 내가 실제로 더 강조하는 것 그리고 내가 아이들에게 문법을 가르치는 가장 큰 이유는 본인의 말과 글의 정확도를 높이기 위해서 그리고 잘못된 문법 요소가 굳어져 화석화(fossilization)되는 것을 방지하기 위해서다. 문법을 배우고, 문제를 풀며, 그다음 단계는 스피드 퀴즈를 진행한다.

스피드 퀴즈의 방법은 이렇다. 배웠던 문법 요소들을 맞추는 퀴즈를 만들어 빔 프로젝트에 띄워서 돌아가며 아이들이 맞출 수 있게 한다. 문제들의 유형은 빈칸 채우기, OX 문제 그리고 틀린 문장 고치기다.

이런 활동을 통해 틀린 문장을 고쳐본 아이들은 자신의 글을 읽으면서도 틀린 문장을 곧잘 찾아내 검토하는 과정에서 정확도를 꽤 높인다. 그리고 무엇보다 이런 게임은 재미있다. 공부가 언제나 즐거울 수는 없지만 재미있는 부분이 필요한 것은 확실하다.

문법을 공부하는 것과 익히는 것은 다르다

"이 학원은 문법을 강조하지 않는데 문법이 많이 늘었어요." 내가 자주 듣는 말이다. 나는 문법의 중요성을 인정하나, 내 학원의 커리큘럼에서 문법을 크게 강조하지 않는다. 요즘은 대형 학원, 소형 학원 할 것 없이 거의 모든 학원에서 레벨 테스트를 진행한다. 각 학원마다 강조하는 부분들이 다르기도 하고, 내 아이의 실력이 어느 정도 되는지 궁금하기도 하니 특정 학원을 다니면서도 다른 학원의 레벨 테스트를 보러 가는 경우가 꽤 많다.

타 학원 레벨 테스트를 보고 문법 성적이 너무 잘 나와서 놀랐다며 나에게 연락을 취한 학부모님들이 생각보다 많다. 사실 내 학원에서 진행하는 문법 수업의 시수는 고작 한 달에 3~4시간이 될까 말까다. 이 부분이 문법 실력을 늘리겠다고 문법만 공부하는 것과 효율적으로 문법을 '익히는 것'은 다르다는 걸 알려준다고 생각한다.

문법은 규칙 습득 그리고 적용이 전부다. 물론 학원에서의 문법 수업 시수 자체는 적지만, 배운 문법 요소들을 적용할 수 있는 것은 나머지 수업 전부에서 가능하기 때문이다. 책을 읽거나 내용을 배우면 그것을 말하고 쓰는 과정에서 적절한 피드백을 받을 수 있었기 때문이라는 생각을 한다.

아무리 문법 요소를 많이 알면 뭐하는가? 어떻게 적용하는지를 모르는데 말이다. 수능 영어 1등급을 받고도 영어로 말하거나 써보라고 하면 꿀 먹은 벙어리가 되는 사람들도 많고, 입은 열었으나 배웠던 문법 요소가 적용이 안 되니 비문을 만들어내기 일쑤인 사람도 많다. 적용되지 않는 지식은 죽은 지식이다.

자주 틀리는 문법

학생들에게 쓰기 과제를 많이 주다 보니 첨삭하다가 반복적으로 발견되는 아이들의 오류들을 목록화해볼 수 있었다. 아이의 글에서 다음과 같은 오류들을 발견한다면 자연스러운 것이라 받아들이고 적절하게 설명을 해준다면 다음 발달 단계로 넘어갈 수 있게 도와줄 수 있을 것이다.

관사(article)

관사는 영어를 배우는 사람들이 가장 늦게 숙달되는 부분이며, 숙달되었다고 해도 완벽해지는 게 거의 불가능하다고 한다. 실제로 영어 덕후였던 나도 석사학위 논문을 원어민에게 검토받았을 때 관사 부분만 빨간색으로 고쳐져 있었다. 근데 그들이 왜 그렇게 고쳤는지 나도 잘 몰랐었지만 그들도 사실 딱히 설명을 못한다. 그냥 그렇다고 한다. 그들의 감(intuition)인 것이다.

한국어에 없는 관사를 빼먹고 영어 문장을 쓰는 것은 매우 흔하며, 또한 관사를 배우기 시작하면서 아이들은 모든 명사에 관사를 붙여야 한다는 압박감에 시달리기도 한다. 관사를 붙여야 할 것 같기는 한데 a인지 an인지 the인지 혼란스럽다. 비교적 'a, an'은 쉽다. 그러나 'a, the'는 혼돈이다. 다음은 고차원적인 관사의 쓰임은 아니고, 아이들이 자주 틀리는 관사의 잘못된 사용 방법이며, 단순 '감'이 아니라 어느 정도 설명될 수 있는 예시다.

관사가 없어야 할 자리에 관사를 쓴다

I go to the school. (×) → I go to school.

학교에 간다고 했을 때, 학교 앞에 관사가 붙지 않는다. 'I go to school'이란 말은 내가 학생이면 공부하러 학교에 가는 거고, 선생님이라면 가르치러 학교에 가는 거다. 즉, 학교라는 장소의 본연의 목적을 위해 가는 것이다. 그런 경우에는 관사가 붙지 않는다. 만약 학교라는 장소의 목적과 달리 어떤 학교에 꽃구경을 하러 갔다거나 한다면 관사가 붙는다.

물론 대화를 나누다가 "네가 말한 바로 그 학교에 내가 갔어!"라고 말할 경우에도 정관사 the가 붙을 수 있다. 병원에 가는 것도 마찬가지다. 환자나 의사가 병원에 가는 것은 'I go to hospital'이라 하지만 병원 조경이 아름다워 벚꽃 구경을 갔다거나 한다면 관사가 붙을 수 있다.

정관사를 써야 할 자리에 부정관사를 쓴다

I see a dog and a dog is cute. (×) → I see a dog and the dog is cute.

이런 오류는 매우 쉽고 기초적인 것이지만 아이들이 많이 틀린다. 정관사 the는 이미 알고 있는 것, 누구나 아는 것, 유일하게 하나밖에 없는 것, 혹은 이미 언급된 명사 앞에 붙는다.

위의 문장에서 a dog을 이미 언급했으니까 뒤에는 '바로 그 개'라는 의미에서 정관사 the가 붙어야 한다. 'Open the door'와 같은 문장도 마찬가지다. 상대방과 함께 있는 공간에서 문을 닫으라고 한다면 우리 모두가 알고 있는 문이 하나 있기 마련이다. 그럴 때 정관사 the가 붙는다.

관사를 그냥 생략한다

I bought book. (×) → I bought a book. / I bought the book. / I bought books.

아주 흔한 오류다. 관사를 그냥 생략한다. 그런데 관사가 없는 한국어를 사용하는 우리에게는 익숙하지 않은 것이 어쩌면 당연한 것일지도 모른다. 이런 경우 나는 칠판에 book, a book, the book을 나란히 써놓는다. 그리고 아이들에게 묻는다. "Please give me a book." 아이들은 어떤 책인지 몰라 어리둥절해하며 어떤 책이냐고 묻는다. 그러면 나는 다시 이렇게 외친다. "The book! The book on your desk!"

한 학생이 책상 위에 올려져 있던 책을 내게 건넨다. 'a book'이라는 것은 세상에 있는 수많은 책들 중 하나의 책을 의미한다. 어떤 책인지 아무도 모른다. 그래서 누군가 'a book'을 달라고 한다면 "무슨 책?"이라고 되묻는 게 당연하다. 그렇지만 'the book'이라고 한다면 누구나 아는 것이거나 정해져 있거나 이미 언급한 책이므로 눈치로 알 수 있는 거다.

그러나 'book'이라는 것은 세상에 없고, 사전에 표제어로만 있다. 대화를 하며, 혹은 글을 쓰며 'book'만 쓰일 일은 없다. 세상에

'a student'도 있고, 'the student'도 있고, 'students'도 있지만 그냥 'student'는 사전에만 있다. 그런데 이런 문장은 있다. "I bought butter." 왜냐하면 셀 수 없는 명사이기 때문이다. 버터는 셀 수 없으니 'a'가 붙을 수 없고, butter뒤에 's'도 붙을 수 없다. 이 부분은 셀 수 있는 명사와 셀 수 없는 명사를 조금 공부하면 된다.

그런데 'the butter'는 된다. 바로 '그' 특정한 버터를 이야기하는 경우라면. 셀 수 있는 명사와 셀 수 없는 명사도 어떤 것들은 딱 떨어지지만 또 다른 것들은 쉽사리 이해가 가지 않기도 한다. 예를 들어 머리카락은 셀 수 있을 것 같지만 셀 수 없는 명사로 구분된다. 지금 당장 본인의 머리카락을 세어보라. 몇 개인가? 설령 세어본다 하더라도 중간에 포기하고 싶어진다. 설탕, 소금, 모래 등도 마찬가지다. 세보기도 전에 벌써 머리가 지끈 아프다.

또 다른 예로 물을 세어보자. 어떻게 셀 수 있는가? 작은 컵에 담긴 물도 물이고, 커다란 대야에 담긴 물도 물인데, 담기는 용기에 따라 양이 달리 보이지 않는가? 그래서 물과 같은 액체는 담긴 용기로 셀 수 있다. 예들 들어 a glass of water, a cup of coffee 이런 식으로 말할 수 있다.

I play piano. (×) → I play <u>the</u> piano.

'play'의 뜻은 '놀다'도 물론 있지만 '스포츠 경기를 하는 것'도 있고, '악기를 연주하는 것'도 있고 '어떤 역할을 맡는다'는 뜻도 있다. play가 가진 뜻은 많지만 유독 악기를 연주한다고 할 때는 play 뒤에 나오는 명사 앞에 'the'가 붙는다. 이때 내가 자주 사용하는 예문은 "I play the sbidolgy"다. 아이들은 sbidolgy가 뭔지 모른다며 나를 일제히 바라본다. 물론 이 단어는 없는 단어다. 이 단어가 뭔지 몰라도 play뒤에 the가 있다면 그 단어는 분명 악기일 것이라는 이야기를 해준다.

전치사(preposition)

날짜 앞에는 on, 달이나 연도 앞에는 in, 시각 앞에는 at이 붙는다. ~앞에는 in front of, ~위에는 on, ~아래는 under. 간단하지 않은가? 그런데 생각보다 많이 오류가 나타나는 게 전치사다. on도 ~위에, above도 ~위에라는 뜻을 가지고 있는데 이 두 개의 전치사는 반드시 다르게 사용해야 한다.

on '접촉'의 의미를 지녀서 내가 누군가의 머리 위에 내 손을 올려둔다면 그건 on이다. 그러나 내가 누군가의 머리 위에 내 손을 올렸으나 그 사람의 머리에 내 손이 닿지 않았으면 above다. 새가 내 머리 위를 빙빙 돌며 지저귀면 그건 above, 그 새가 내 머리 위에 앉았으면 on이다. 위에서 언급한 다소 간단한 전치사 사용은 물론이고, 다음과 같은 실수를 한다.

I gave an apple for him. (×) → I gave an apple to him.

I made a chair to her. (×) → I made a chair for her.

이처럼 수여동사가 3형식 문장에 사용되었을 때 to, for, of의 활용이 어색하다. for나 to나 결국 누군가에게 준다고 할 때 쓰는 말이 아닌가? 대체 이런 건 어떻게 구분하는 것인가?

위에서 사용된 동사는 소위 말하는 수여동사(give, make, find, buy, cook, show, ask 등)다. 수여동사가 있는 문장이 예문과 같이 3형식으로 쓰일 때 우리는 to, for, of 중 하나의 전치사를 선택해서 사용해야 한다. 그 선택 기준은 무엇인가? 우선 우리는 모든 단어를 외울 수가 없다. 그렇다면 하나의 단위로 묶어서 이해하는 것이 편하다.

give, show, tell, teach 등의 단어는 동작이 한 개다. 가지고 있던 것을 그냥 주고, 보여주고, 머릿속에 있는 말을 꺼내서 말하거나 가르치면 되는 거다. 이런 종류의 동사들이 있다면 to를 사용한다. 반면 make, find, cook 등 동작이 두 개로 이루어진 동사들은 for를 사용한다.

왜 동작이 두 개냐고? 4형식 수여동사에서 make, find, cook은 만들다, 찾다, 요리하다가 아니기 때문이다. make는 만들어서 주는 거고, find는 찾아서 주는 거고, cook은 요리해서 주는 거다. 그래서 이런 동사들이 나오면 for를 쓴다고 이해하면 된다. of를 쓰는 동사들은 비교적 더 간단하다. 요청이나 요구를 하는 ask, inquire 등이 of를 필요로 한다.

시제와 수일치(agreement)

과거의 이야기를 하는데 현재형으로 쓴다

I study hard yesterday. (×) → I studied hard yesterday.

과거형 동사를 배우면 된다.

시제가 왔다 갔다 한다

I went to my grandmother's house and ride a bike. (×) → I went to my grandmother's house and rode a bike.

과거형 동사를 알고 있는 학생이니 시제 일치를 할 수 있게 검토를 권할 수 있다.

주어와 동사의 일치가 안 된다

Mike and I am happy. (×) → Mike and I are happy.

주어가 길어지며 맨 마지막 주어에 동사를 맞추는 경우다. 동사 바로 앞까지 끊어서 주어가 어디까지인지 확인시키는 작업이 필요하다.

Collecting stamps are her hobby. (×) → Collecting stamps is her hobby.

stamps를 주어로 보고 'are'를 사용하는 경우가 많다. 그러나 이것은 동명사를 주어로 사용하고 있는 문장이다. 동사 바로 앞인 stamps까지 끊어보고 의미를 상기시켜야 한다. 추가적으로 동명사와 to부정사가 명사의 역할을 한다는 것을 학습할 시기다.

과거형 동사를 마음대로 만들어 쓴다

I goed home. (×) → I went home.

He readed the book. (×) → He read the book.

She brang the cookie. (×) → She brought the cookie.

Nice try!라 외쳐주자. 이 아이는 동사의 과거형을 알고 있으나, 단지 그 규칙을 과잉일반화했을 뿐이다. 이제 불규칙 동사 과거형을 배우면 된다. 물론, 배우고 나서도 다시 goed와 같은 형태로 돌아갈 수 있지만 그건 습득 과정이다. 다 괜찮다.

인칭에 따른 동사변화를 따르지 않는다

She run very fast. (×) → She runs very fast.

주어가 3인칭 단수고 시제가 현재일 때는 동사 뒤에 (e)s가 붙는다는 것을 알려주면 된다. 그러다 보면 아래와 같은 오류도 나타낸다. 인칭대명사를 함께 다뤄주어야 한다. 단, 3인칭 단수는 she, he, it만 있는 것이 아니다.

the student, the students 중 전자는 3인칭 단수고, the boy, the boys 중에서도 전자가 3인칭 단수다. 후자는 3인칭 '복수'다. 이와 같은 예를 들어주며 설명을 해줄 필요가 있다.

She rans very fast (×) → She ran very fast.

She will runs (×) → she will run fast

3인칭 단수 주어 뒤에 동사에 (e)s가 붙는다는 것을 강조하다 보면, 시제가 과거든 미래든 she나 he 혹은 it이 나오면 그냥 동사 뒤에 (e)s를 붙이는 경우가 흔하다. 시제도 확인하고, 인칭도 확인할 수 있도록 해주면 된다. 아무리 주어가 3인칭 단수여도 미래시제여서 will이 나왔다든가 과거시제라면 (e)s가 붙지 않는다.

동사(verbs)

한 문장에 동사가 두 개씩 나온다

He wants swim. (×) → He wants to swim.

She is sing very well. (×) → She sings very well.

시제는 be동사로 나타내고, 의미는 일반동사로 나타내면서 한 문장에 동사가 2개씩 출현하는 경우는 매우 흔하며, 굳어지면 잘 고쳐지지 않는 오류라 주의가 필요하다.

한국어에서는 동사들을 be동사나 일반동사로 따로 구분하지 않기 때문에 '존재나 상태'를 의미하는 be동사와 '그 외 다른 동작이나 행동'을 의미하는 일반동사에 대한 설명이 필요하다. 이런 친구들에게 내가 자주 묻는 질문이 있다. "영어로 '나는 너를 사랑해'라고 해봐." 그럼 대부분의 아이들이 "I love you"라고 대답한다.

"너는 'I am love you'라고 하지 않는데 굳이 그렇게 말해야 한다면 무슨 뜻일까?" "나는 'love you'입니다." "너의 이름은 'love you'가 아니잖아?" 같이 깔깔 웃으며 마무리를 짓는다. 하지만 이건 생각보다 참 많은 친구들이 틀리고, 참 더디게 고쳐지는 부분이다. 기본적으로 한 문장에는 동사가 한 개만 있어야 한다.

그렇지만 우리는 두 개 이상의 의미를 넣고 싶을 때가 있다. 내가 만약 수영을 하고 싶다고 해야 한다면 want도 필요하고 swim도 필요한데, I want swim(×)이라고 하면 한 문장에 동사가 두 개 들어가게 되면서 비문법적인 문장이 된다.

그래서 나타난 것이 준동사다. 준동사의 대표주자는 to부정사와 동명사다. 그래서 이런 경우 준동사를 활용해서 "I want to swim"이라고 말하는 것이다. 나는 춤을 추는 것을 좋아한다고 말할 때는 I like dance(×)는 안 되니까 I like dancing이라고 말하면 되는 것이다. 어떤 동사는 뒤에 목적어로 to부정사를 원하고, 또 다른 동사는 동명사를 원하는데 그런 종류의 동사들은 이 부분을 다 이해한 후에 배워도 된다.

문장에 동사가 없다

She swimming. (×) → She swims. / She is swimming.

He dancing. (×) → He dances. / He is dancing.

진행형과 분사를 이해할 차례다. 우선 She is swimming과 She swims의 차이를 알려준다. 전자는 현재 그녀가 수영을 하고 있는 중이라는 것을 의미하며, 후자는 그녀는 수영을 하는 사람 혹은 할 줄 아는 사람이라는 뜻이다. 물론 칭찬으로 "수영 잘하네!"라고도 쓰일 수는 있다. 어찌 됐든 전자는 현재 일어나고 있는 일을 이야기하고 있는 것이다. 그럴 때는 (is/am/are)+ing을 활용해 현재진행형을 나타낼 수 있다.

그러나 be동사가 빠졌다면 그것은 동사라기보다는 분사가 되어버린다. 예를 들어 "수영하고 있는 코끼리"라고 말하고 싶다면 "a swimming elephant"라고 하면 되고, "춤을 추고 있는 원숭이"라고 말하고 싶다면 "a dancing monkey"라고 하면 된다. 우선 현재분사가 활용된 단어들을 많이 보여주고 그다음 과거분사가 쓰인 단어들(broken window, written English 등)을 제시해주는 것을 권한다.

언제 동사의 원형이 쓰이는지 모른다

She will goes to school. (×) → She will go to school.

He wanted to swims in the river. (×) → He wanted to swim in the river.

Did you studied English? (×) → Did you study English?

대표적으로 동사의 원형이 쓰이는 곳은 대표적인 경우는 사전 속 표제어, 조동사 뒤, to부정사의 to 뒤, do, does, did를 활용해서 의문문과 부정문을 만들었을 경우다. 이런 친구들은 차례대로 조동사와 to부정사, 일반동사의 의문문·부정문 만들기 연습이 필요하다. Did 같은 경우는 이미 그 속에 과거 시제가 들어 있으니 'studied'를 쓸 필요가 없다.

"Does she know you?"라는 문장 속 'know' 뒤에 's'가 붙지 않

는 이유는 이미 'does' 앞에 3인칭 단수를 주어로 하고 있고 시제가 현재라는 것을 알려주기 때문이다.

대소문자 구별

She and i are students. (×) → She and I are students.

he was very angry. (×) → He was very angry.

I live in korea. (×) → I live in Korea.

I read a book titled 'beauty and the beast.' (×) → I read a book titled 'Beauty and the Beast.'

인칭대명사 중 '나'를 나타내는 I는 문장 어디에 있든 늘 대문자다. 나는 이 점이 참 마음에 든다. '내'가 가장 중요하다는 뜻처럼 느껴지기 때문이다. 또한, 문장의 맨 앞에 있는 단어의 첫 글자는 대문자여야 한다. 고유한 사람, 장소, 물건의 이름을 의미하는 고유명사들도 대문자로 시작한다. 어떤 것의 '제목' 또한 대문자로 표기하는데 이것은 단어 뭉치들이 여러 개 있어도 단어의 시작 글자는 모두 대문자로 표기한다.

그렇지만 예문에 나와 있는 것처럼 '미녀와 야수'를 'Beauty And The Beast'라고 쓰지는 않는다. 전치사나 관사는 제목에 있을지라도 대문자로 시작하지 않기 때문이다. 그렇다면 이건 어떨까? 'The Man in the Rain' 맨 앞에 있는 정관사 the의 t가 대문자로 표기되어 있다. 이건 맞다. 정관사여도 맨 앞에 나오면 대문자로 처리한다. 'In the Forest'라는 제목도 마찬가지다. 제목이라 할지라도 전치사는 대문자로 시작하지 않지만, in의 경우 제목의 맨 앞에 있으므로 I를 대문자로 써야 맞다. 물론 예외적으로 제목에 쓰인 관사와 전치사가 맨 앞에 나오지 않아도 미학적관점에서 대문자를 사용하는 경우도 있긴 하다.

정대명사와 부정대명사의 구분

I lost my pen and I have to buy it. (×) → I lost my pen and I have to buy one.

I lost my puppy and I have to find one. (×) → I lost my puppy and I have to find it.

정대명사인 it과 부정대명사 one은 다르다. It은 말 그대로 '그것'이다. 그래서 미리 언급이 되었거나 누구나 알고 있는 그런 것이어야 한다. one은 정해져 있지 않은 것을 의미하는 것이다.

그래서 누군가 나에게 와서 펜을 하나 빌려달라고 한다면 그건 'it'일까 'one'일까? 빌리는 사람은 내가 어떤 펜을 빌려줄지 알 수 없다. 그냥 아무 펜이나 하나 주면 되는 거다. 그런 경우 'one'이다. 그런데 빌려가는 주제에 특정 펜이 필요해서 어떤 펜인지 자세히 설명했다면 그건 'it'이 된다.

위의 예문 중 첫 번째는 펜을 잃어버려서 하나 사야 할 것 같다고 말하고 있다. 그 상황에서 "I have to buy it"은 말이 되지 않는다. 잃어버린 펜을 어떻게 사는가? 어디 있는지도 모르는데 말이다. 두 번째 예문을 보면 내가 강아지를 잃어버렸는데, I have to fine one이라 말하면 잃어버린 강아지를 찾지 않고, 수많은 세상의 강아지 중 어느 녀석인지 모를 다른 강아지를 찾고 싶다는 것인가? 만약 내가 반려견을 원해서 한 마리를 입양해야겠다고 이야기하는 상황에서는 'one'을 쓸 수 있다. 반려동물 입양 센터에 가서 가장 마음에 드는 녀석을 찜하고 이 녀석과 함께 집에 간다고 외친다면 그때는 'it'이다.

단어, 아무리 외우면 뭐 하나?

단어를 아무리 많이 외워도 실제로 문장에 녹여보는 연습이 없다면 읽거나 들어서 아는 단어와 실제로 사용할 수 있는 단어의 갭이 계속 벌어질 수밖에 없다.

중급 학습자들은 protect(보호하다), traditional(전통적인), proper(적절한) 같은 단어들의 뜻을 물으면 잘 적어낼 수 있다. 그러나 그들의 말과 글에서 실제로 이 단어들이 사용되는 것을 본 적이 거의 없다. 왜 그럴까? 간단하다. 문장 속에서 해당 단어를 '적용'해본 적이 없기 때문이다.

단어를 문장 속에 녹이게 하라

한 외국인이 "유리창이 멸망했습니다"라는 문장을 만들어냈다는 이야기를 들은 적이 있다. 한국 사람이라면 이 문장을 듣고 웃으며 "유리창이 깨졌다"라고 해야 한다고 단번에 말할 수 있겠지만, 한국어를 배우는 외국인이라면 갸우뚱할 수도 있다. 이런 경우 '멸망하다'란 단어가 쓰인 예문들을 많이 보여주고 직접 그 단어를 활용하게 해봐야 그 단어를 적재적소에 사용할 수 있게 된다. 이와 비슷한 상황이 영어를 배우는 학습자들에게 일어나며, '멸망하다'란 단어를 활용하는 방법을 알려줬던 방식으로 피드백을 주어야 한다.

단어는 외우는 것도 중요하지만 그 단어를 활용해서 문장을 만들어보고, 그 문장이 맞는지 아닌지 확인을 받는 작업이 필요하다. 단어를 기계적으로 외우면 단기기억에 머물다 그 기억이 금방 날아가지만, 문장을 만들면서 직접 써보고 말하게 하면 장기기억으로 넘어갈 가능성이 커진다.

단어를 못 외우는 이유

"우리 아이가 단어 외우는 것을 힘들어해요." 많은 학부모들이 호소하는 바다. 왜 그럴까? 첫 번째 이유는 단순히 열심히 안 해서다. 시간·에너지 투자를 덜 한다. 보통 15~20분 공부하고 단어가 외워지기를 바란다. 심지어 천재도 같은 것을 7번은 봐야 본인의 것이 된다는데 말이다.

두 번째 이유는 단어 공부에 투자하는 시간을 잘못 분배해서다. 1시간 내내 단어 책을 째려봐도 잘 외워지지 않는다. 1시간 내내 단어 책 붙잡고 씨름하지 말고 10분씩 쪼개서 6번을 보자. 반복되는 인풋을 우리 뇌는 더 잘, 오래 기억하기 때문이다.

세 번째 이유는 학습자마다 학습 스타일이 다른데, 많은 학습자들이 본인 스타일에 맞는 방법을 찾지 못해서다. 나는 단어를 눈으로 보면서 외우지 못하며, 손으로 여러 번 쓰는 것도 나에게는 별로 도움이 되지 않는다. 나는 책을 들고 여기저기 정처 없이 돌아다니며 단어와 그 단어가 쓰인 예문을 소리 내어 읽는다. 이게 내 학습 스타일이다. 만약 내가 학생인데, 나의 부모가 나에게 단어를 손으로 여러 번 쓰면서 외우라고 한다면 나는 열등생이 되고 말 것이다.

보통 학습할 때 글, 그림, 도표 등 눈을 통해 보이는 정보들을 잘 기억하고 처리한다면 시각적 학습 스타일이라고 말하며 소리 즉, 토론이나 강연, 음성 등 귀로 들리는 자극을 통한 정보를 더 잘 기억한다면 청각적 학습 스타일이라고 말한다. 이외에도 신체적인 감각, 운동 등 직접 행동하거나 활동을 통해 정보를 기억하는 운동감각적 학습 스타일이 있고, 직접 무언가를 만지거나 그리거나 조작, 조립 등 손으로 직접 촉각을 느끼면서 기억하는 학습 스타일을 촉각적 학습 스타일이라고 한다.

선생님이나 부모 본인이 단어를 손으로 쓰면서 외웠다고, 꼭 그 방법이 아이에게 맞으라는 법이 없다. 말 그대로 학습 스타일은 개인마다 다르기 때문이다. 어떤 학생은 mp3 파일을 들으며 학습하는 것이 효과적이고, 어떤 학생은 움직이면서 입으로 단어를 여러 번 읽으며 외우는 것이 효율적일 수 있다.

아이의 학습 스타일을 찾으려면 학습 스타일 설문지를 참고해도 좋지만 가장 좋은 건 부모와 아이가 함께 여러 가지 다양한 방법을 시도하면서 함께 찾아나가는 것이다. 무조건 열심히 하라고 하지 말고, 잘 할 수 있는 방법을 찾아주자.

단어를 보고 떠오르면 된다고?

어린 시절부터 영어에 많이 노출된 이른바 영유(영어유치원) 출신 학생들이나 유학을 다녀온 리터니(귀국학생)들의 부모님들로부터 "꼭 영어 단어를 외워야 하나요? 예를 들어 'apple'이라는 단어를 들으면 머릿속에 빨간색 과일이 떠오르면 되는 것 아닌가요?" 등의 질문을 많이 받는다. 영어권 국가에 살고 있다면 맞을지도 모른다. 그러나 한국에서 공부하고 있고, 앞으로도 그럴 것이라면 아니다.

영유 출신 아이들이나 리터니들은 말도 잘하고 듣기도 잘한다. 그러나 소위 말하는 '엉덩이 힘'도 있고, 학습 능력도 뛰어날까? 그건 아이들마다 다르다. 잘하는 아이들도 있지만 그렇지 않은 경우도 많다. 학습적인 부분을 채워주면서 영어 사용 환경도 유지시켜줘야 하는데 유치원을 졸업하고 초등학교 입학과 동시에 영유 때와는 비교도 안 되는 적은 영어 노출량에 영유 괜히 보냈다 싶을 정도로 영어 실력이 퇴보 혹은 제자리걸음하는 경우도 있다.

한국에서 내신 영어를 거쳐 수능을 볼 거라면, 공교육 시험 유형이 혁신적으로 변화하지 않는 한 영어 단어의 뜻을 명시적으로 암기할 필요가 당연히 있다. 시험 방식이 그렇기 때문이다. 단, 영어 단어와 한국어 뜻을 일대일로 암기하는 것이 아니라 '영영정의(영어사전에 나오는 영어 단어를 영어로 알기 쉽게 풀어놓은 정의)'까지 모두 익혀놓아야 그 단어를 영어스럽게 이해하고 사고할 수 있다.

영영정의도 함께 다뤄줘야 한다

다수의 영어학원에서 학생들에게 영영정의 암기를 요구한다. 그냥 시험 범위를 주고 암기하게 하는데, 어린 친구들에게는 해당 단어를 설명하는 영영정의가 더 어려울 때가 많다. 이것은 한국어 어휘도 부족한 초등학생들이기 때문이기도 하고, 영영정의 자체가 표제어의 난이도를 고려하지 않고 제시되는 경우가 많기 때문이다. 이 부분에 있어서는 교재의 영영정의 난이도와 표제어 난이도를 비교해보는 작업이 필요하고, 부모나 선생님의 도움이 꼭 필요하다.

내가 운영하는 학원에서는 일정 레벨 이상의 친구들은 비문학, 즉 배경지식을 가르치는 수업을 할 때도 미리 영영정의를 외워 와야 하는데, 그 단어들은 선생님들이 수업 전 미리 훑어보고 영영정의 난이도를 조절하고, 수업 시간에도 마찬가지로 좀 더 단순하게 만들어서 아이들이 쉽게 이해할 수 있도록 돕는다.

기본 단어 책도 마찬가지로 일정 레벨 이상부터는 한글 뜻, 영어 단어, 영영정의를 외우게 하는데, 이 과제는 수업 시간에 선생님과 함께 해당 영어 단어, 한글 뜻, 예문, 영영정의를 다루고 나서 주어진다.

어휘 학습 시간에는 해당 단어로 문장을 만들어 말해보고 어떤 상황에서 이런 단어가 주로 쓰이는지 교재의 예문과 선생님의 풍부한 설명이 더해진다. 그리고 교재에 있는 영영정의가 다소 어렵다면 간소화하여 다시 적어주거나 중요한 부분만 체크해주는 과정을 거친다. 실제로 영영정의를 시험 볼 때는 스펠링이나 문법 등에는 큰 초점을 두지 않고, 이 학생이 이 단어의 뜻을 이해하고 있다는 생각이 들면 정답으로 처리한다.

어원으로 접근하라

불가(不可), 불능(不能), 부정(不正) 등에서 말하는 '불' 혹은 '부'는 부정, 즉 '아니다'를 의미한다. 이처럼 영어 단어도 어원과 접두어로 접근하면 조금 더 쉽게 이해하고 오래 기억할 수 있다. 물론 이것은 기본 단어를 어느 정도 알고 있고 중·고급 정도의 어휘를 익힐 때 유용한 방법이다.

여기에서도 접두어를 먼저 알려주고 그 접두어와 결합한 단어의 뜻을 추측해보게 하는 것도 매우 좋은 방법이다. 어원으로 어휘를 익히게 하는 책들은 시중에 물론 많이 나와 있지만, 그중 몇 가지를 추가적으로 설명해본다.

첫 번째로 부정, 즉 '아니다'를 뜻하는 접두어는 un, il, ir, im, in 등이 있다. 예를 들어 이런 단어들은 앞에서 언급한 접두어를 가진 단어다. undesirable(바람직하지 않은), illegal(불법의), irresponsible(무책임한), impossible(불가능한), independent(독립한) 등이 이에 해당한다. 그런데 왜 어떤 단어 앞에는 접두어 il이 붙고, 또 다른 단어에는 im이 붙는 걸까? 이것은 발음을 용이하게 하기 위해 접두어 뒤에 있는 단어의 첫 발음의 조음위치(자음이 만들어질 때 공기의 흐름이 장애를 받는 위치)를 따라가는 것이다.

예컨대 d, t, s, z, l, r 같은 글자는 치경(앞쪽 윗니의 뒷부분 조금 딱딱한 살)에 혀끝이 닿으면서 만들어지는 소리다. 한국어로 '트럭'은 그렇게 발음되지 않지만, 영어로 truck을 발음할 때 t가 치경에 닿아야 한다. 그러면 다소 '츄럭'과 비슷한 발음이 된다. 치경에 혀끝을 대고 truck을 발음해보면 놀랍게도 멋진 영어 발음이 만들어진다.

치경에서 나는 소리로 시작하는 단어는 desirable과 dependent다. 그래서 이 단어 앞에는 d와 같은 자리에서 소리가 나는 un이나 in이 붙어 undesirable과 independent가 만들어진다. illegal과 irresponsible의 첫 글자 i와 r도 같은 자리에서 조음이 되나, 앞에 un이 아닌 il, ir을 붙이면서 발음이 좀 더 용이해지는 그런 원리로 서로 다른 접두어가 붙는다.

possible의 p와 같은 글자는 p, m, b와 같이 양 입술을 모아 소리를 낸다. 그래서 possible에는 p와 같은 자리에서 만들어지는 소리인 m을 사용해서 impossible이 되는 것이다. 또한 부정을 의미하는 접두어는 본래 부정적인 뜻을 가지고 있는 단어에는 사용되지 않는다. 따라서 unbad, unsad와 같은 단어는 없는 단어다.

'함께(together)'를 의미하는 접두어는 col, com, con 등이 있다. 이 접두어들을 미리 알려주고 다음의 단어의 뜻을 추측하게 해보자. collaborate는 col + laborate가 합쳐진 형태로 흔히 말하는 '콜라보'다. laborate는 노동을 의미한다. 그러니 함께 노동을 하니까 '협력하다'의 뜻이 되는 것이다.

company도 마찬가지다. com은 역시나 '함께'라는 뜻이고, pan은 프랑스어에서 유래된 단어로 '빵'이라는 뜻이다. 함께 빵을 먹는 사이이니, 동료이자 회사가 되는 것이다. compromise는 함께 'promise'를 한다는 것인데, 결국 이건 '타협하다'의 의미를 가진 단어가 된다.

scribe는 서기, 필경사 혹은 '쓰다'를 의미한다. prescribe에서 pre는 preview할 때 쓰이는 '미리'라는 뜻이다. 여기서 view는 '보다'를 의미한다. prescribe는 그렇다면 '미리 쓴다'는 것인데, 의사들이 환자를 상담하면서 환자에게 필요한 약 등을 처방하기 위해서 보통 무언가 쓴다. 그래서 prescribe는 '처방하다'의 의미를 가지고 있다. 그런가 하면 sub은 '아래'라는 뜻을 가지고 있다.

그래서 subway는 '지하철'이다. 그렇다면 subscribe는 아래 무언가를 쓴다는 것인데, 우리는 어떤 것을 신청하거나 지원할 때 서류의 아래 부분에 사인을 한다. 그래서 subscribe는 '구독하다, 가

입하다'의 뜻을 가지고 있다. describe는 '묘사하다, 기술하다'의 의미인데 아래로, 무언가를 자세하게(detail) 적어 내려간다고 이해하면 된다.

파닉스가
끝났다는 착각

파닉스가 끝났다고?

분명히 파닉스(Phonics) 과정을 다 끝낸 아이임에 불구하고 몇 번씩 복습했던 단어들을 제대로 읽어내지 못하는 경우가 생각보다 많다. 파닉스 학습은 '끝났다'라는 개념이라기보다는 규칙을 제대로 파악해서 적용해나가는 과정을 '반복'해야 한다. 엄밀히 말하면 '파닉스'가 아니라 '파닉스 교재'를 끝낸 것일 뿐이다.

많은 학원이 6개월에서 1년 또는 그 이상까지 파닉스를 학습하게 시킨다. 내 기준에선 너무 과하다는 생각이 든다. 어차피 반복해야 하는 것인데 파닉스만 1년 이상 시키다니 말이다. 그렇게 1년 공부해도 단문 하나도 만들어낼 수 없고, 룰이 제대로 익혀지지 않아서 본 적 없는 단어는 읽을 수도 없다. 중간 점검을 한 번도 해본 적 없는 학부모는 1년 뒤에 아이가 제대로 읽지 못하는 것을 발견하고 "도대체 1년간 무엇을 한 건가요?"라고 말하기도 한다.

아이의 영어 자신감과 직결되는 파닉스

내가 어릴 적에는 파닉스라는 게 없었다. 영어 단어 옆에 발음기호가 적혀 있고, 발음기호 읽는 법을 배우면 해당 단어를 읽을 수 있었다. 현재는 발음기호보다는 영어 단어를 읽는 방법을 알려주는 '파닉스'를 통해 초급 단계 학생들의 읽기를 돕고 있다. 아이들의 부모 세대는 파닉스를 접하지 않았기 때문에 "대체 이게 뭔가요?" 하고 난색을 표하는 경우도 있는데 사실 크게 새로운 것은 아니다. 단어를 잘 읽기 시작하는 것은 아이의 영어 자신감과 깊은 관련이 있기 때문에 파닉스 학습은 매우 중요하다. 단어 읽기에 자신이 없는 학생들은 스스로 영어 학습에 한계를 느끼고 '나는 아무리 해도 영어를 잘할 수 없어'라는 생각을 하게 된다. 기초공사가 제대로 되지 않은 건물이 작은 충격에도 무너질 수 있듯 탄탄하지 않은 파닉스 학습은 아이의 영어 실력을 불안정하게 한다. 그래서 특히 파닉스는 아무나, 아무렇게나 가르치면 안 된다.

파닉스를 끝냈는지 점검해보기

파닉스 수업에서는 일반적으로 그림 단어 카드를 활용하게 되는데, 예를 들어 고양이 그림과 cat이라는 단어가 함께 쓰인 카드를 보여주고 단어를 읽어보라고 했을 때 우리 아이들은 '캣'이라고 잘 읽어낸다. 하지만 정말로 c, a, t를 조합해서 읽는 것인지 확인해보려면 다음의 단어도 함께 읽게 해보자.

pat / sat / mat / rat / bat

잘 읽어내는가? 그렇다면 규칙을 잘 내재화한 아이일 것이다. 그렇지 않다면 단지 고양이가 '캣'으로 읽힌다는 것을 기억한 것일 뿐이다. 그리고 책에 없는, 배우지 않는 단어는 읽어내지 못하게 된다. 이중모음이 있는 cake도 한번 읽게 해보자. '케이크'라고 잘 읽어낼 수 있을지도 모른다. 그렇다면 이 단어들은 어떤가?

bake / sake / pake / rake / take

이렇듯 한 글자만 다르고 나머지는 같은 한 쌍의 단어들을 우리는 'minimal pairs'라고 부른다. 그래서 보통 파닉스 책들은 minimal pairs를 연습할 수 있도록 구성되어 있다. 그렇지만 minimal pairs를 중심으로 지도하지 않는다면 그저 책의 진도만 따라온 셈이 되며, 아이는 파닉스를 끝낸 게 아니라 단지 파닉스 '책'을 끝낸 것일 뿐이다.

보통 글쓰기와 문장 읽는 과정은 파닉스 과정을 끝마치고 하는 경우가 많다. 그러나 파닉스 학습도 반드시 유의미한 방식으로 문맥 속에서 문장 단위로 확장하는 연습이 필요하다. 알파벳에서 글자, 단어에만 멈춰 같은 내용을 반복하는 게 아니라 글자> 단어> 단문> 복문> 단락> 에세이로 자연스럽게 글쓰기가 확장되어야 한다. 간단히 말하면 기초 수준에서 cat, bed, blue를 배웠다면 단어만 따로 학습하지 말고, 이 단어들을 문장 속에서 녹여 “I see a cat on the blue bed”와 같은 문장을 주고 그 문장 아래에는 해당 문장을 이해하고 연상되는 그림을 그려내게 하면 된다. 이런 연습을 하고 나면 스스로 “I see a blue cat under the red bed” 같은 문장도 만들어볼 수 있게 된다.

또한 친구들끼리 서로의 그림을 교환한 후, 그림을 문장으로 나타내보거나, 자신이 쓴 문장을 교환해 문장에 맞는 그림을 그리게 하는 게임 방식으로 진행하는 것도 좋다. 이 방식으로 수업을 단 한달만 해도 표제어만 주어지면 어떤 것이 어디에 있는지 정도는 전치사를 활용해서 단문으로 제법 잘 써낼 수 있게 된다. 그리고 이건 학원이 아닌 가정에서도 충분히 해낼 수 있는 부분이다.

단어를 잘못 읽는 패턴

수많은 아이를 만나다 보니 아이들이 단어를 잘못 읽어내는 패턴을 발견할 수 있었다. 다음 단어들은 내가 주로 아이들의 파닉스 상황을 점검하기 위해 읽게 하는 것들이니 참고해보면 좋을 것이다. 실제로 내 아이가 파닉스 룰을 얼마나 익혔는지 알아보기에 적합하다. 1번부터 11번까지의 단어들은 단모음 단어들을 읽어낼 수 있는지, b/ d를 구분할 수 있는지 e, i, u등 모음들의 발음을 알고 있는지 확인할 수 있다. 12번부터 21번까지는 단모음이 아닌 이중모음 등을 읽을 수 있는지 체크할 수 있으며,

22번부터는 겹자음 및 다른 부분들을 중복으로 확인할 수 있게 구성해두었다.

아이들이 많이 잘못 읽는 단어 예시

1. cat	11. bud	21. pure	31. thick
2. jam	12. bake	22. clap	32. photo
3. map	13. cape	23. sled	33. train
4. hen	14. date	24. frame	34. park
5. net	15. wave	25. flame	35. seed
6. lid	16. bike	26. price	36. pillow
7. wig	17. kite	27. smoke	37. boil
8. box	18. hole	28. plant	38. crown
9. tub	19. hope	29. neck	39. clown
10. run	20. rule	30. brush	40. nurse

다음 내용은 아이들이 위 리스트에 나오는 각 단어들을 주로 어떻게 잘못 읽는지, 몇 년간 아이들을 가르쳐오며 알게된 내용을 정리한 것이다. 따라서 이 내용을 참고하면 아이가 어떤 부분이 부족한지 쉽게 파악한 후 처방적으로 파닉스 보강을 할 수 있다. 단어를 잘못 읽는 경우는 다음과 같이 여섯 가지 경우로 나눠볼 수 있다.

soft / hard 발음 차이를 모른다

c와 g는 soft한 발음과 hard한 발음으로 나뉜다. 예를 들어 city의 c는 마치 s처럼 발음되며 soft c라고 불린다. 그러나 cat의 c는 마치 k처럼 발음되며 hard c라고 불린다. 이 두 발음을 구분하지 못하면 city는 '키티'로, cat는 '쌧'으로 발음하게 된다. 또 어떤 친구

들은 price를 prik 또는 pris라고 읽는데, pris라고 읽는 친구들은 파닉스의 발음 학습 중 '매직 e(magic e)'의 보강이 필요한 경우다.

매직 e는 예를 들어 cape, cake, bike 등 한 영어 단어 속에 두 개의 모음이 있고 두 번째 모음이 e라면 이때 e가 자신의 소리를 내지 않고 앞에 있는 모음의 소리를 바꾸는 것을 말한다. 예를 들어, cap는 '캡'으로 읽지만 cap뒤에 e가 붙은 cape는 모음 a의 발음이 '캡'에서의 '애' 발음이 아닌 '에이'와 같은 발음으로 바뀌어 '케이프'라 읽게 된다. 매직 e가 덜 훈련된 친구들은 cape는 캐피(혹은 캐페) 등으로 읽는다. g도 마찬가지다.

soft g는 마치 j처럼 발음되는 giant, gym과 같은 단어에 쓰인다. hard g는 한글의 ㄱ 같은 소리가 나며 goat, game 등이 그 경우다. soft c와 soft g는 주로 g 뒤에 모음 i, e, y가 따라온다(예외도 물론 있다). 이런 경우는 soft/ hard가 섞인 문장들로 이루어진 문장 더미들을 연습하는 것이 도움이 된다. 다음 영어 문장은 Soft g, hard g, soft c, hard c를 활용한 예시다.

[A Goat, a Giraffe, a Cat in the Car]

The goat in a green cape is sleeping in the car.

The giraffe with a red scarf eats leaves in the car.

The cat wants to go to a big city by car.

They find a gold cent in the car.

The goat catches a ladybug and gives it to the giraffe.

The giraffe gets the ladybug and names it Clara.

Now, Clara, the goat, the giraffe and the cat enjoy delicious cake in the car together.

알파벳의 음가를 확실히 모른다

jam, map, hen, net, lid, box, tub, run, bud 같은 단어들의 양 자음 가운데 있는 모음을 다른 모음으로 읽는다. 모음 학습이 전반적으로 다시 필요한 경우다. 특히 i와 e를 많이 헷갈려 한다. 또한, 자음의 경우 아이들이 b와 d를 헷갈려 하는 경우가 많은데 이것은 box, tub, bud를 어떻게 읽는지 보면 확인할 수 있다.

b/ d, p/ q, r/ l, p/ f는 아이들이 자주 혼동하는 소리다. r/ l 구분이 잘 안 되는 아이들은 clown을 읽어보라고 하고 그다음 crown을 보여주면 똑같은 발음으로 읽으며 왜 같은 단어를 두 번 보여주냐는 듯 갸우뚱하는 모습을 보인다. flame/ frame, read/ lead, rice/ lice도 마찬가지다.

성격이 급하거나 단어를 통으로만 알아서

양 자음 가운데 있는 모음을 다른 모음으로 읽는 경우도 있고 익숙한 단어로 읽는 아이들도 많다. frame을 family로 읽거나, photo를 potato로 읽거나, price를 prince로 읽는 것은 매우 흔하다. 차분하게 꼼꼼히 읽는 습관을 들이고 통 문자 말고 단어를 읽어내는 법칙을 적용할 수 있도록 도와주어야 한다.

이중모음을 읽을 수 없다

bake, cape, date, wave, bike, kite와 같은 단어를 bak, cap, dat, wav, bik, kit 등으로 읽는 경우 이중모음 학습이 다시 필요하다. cap이라는 단어에 magic e가 붙으면 '케이프'로 발음이 되는데, 이것은 이전에 언급했던 minimal pairs 연습을 하면서 훈련할 수 있다. 실제로 존재하지 않는 단어여도 괜찮다. 예를 들어 bake, take, cake, pake, make, rake, nake, zake와 같은 단어를 통해 초반에는 minimal pairs를 만들어주고 같이 읽어보며 연습하다가 나중에는 minimal pairs를 직접 만들어보게 하자.

단어가 길어지며 겹자음이 있으면 읽기가 어렵다

겹자음에 익숙하지 않은 아이들은 clap이나 sled 같은 단어들을 발음하기 용이하게 두 글자의 순서를 바꿔 각각 calp, seld 등으로 읽는 경우가 매우 흔하다. c/ lap, s/ led처럼 끊어 읽기를 통해 연습시키면 된다.

특정 음가를 정확히 발음하지 않는다

thick을 tick과 같이 발음하거나 photo를 poto처럼 zoo를 joo처럼 읽어내는 경우다. 배웠던 단어겠지만 조금 더 신경 써서 올바른 음가로 읽어낼 수 있도록 지도가 필요하다.

오늘 수업은 없던 걸로 할게요

과외 선생, 난감한 질문을 받고 울다

학부 복학 후, 과외 학생들이 하나둘씩 늘어나 7명의 학생들을 가르치게 됐다. 대부분 강남에서 공부 잘하는 아이들이었어서 크게 어려운 점은 없었다. 그 학생들 중 한 남자아이의 누나를 추가로 수업해달라는 어머님의 요청이 있었다. 그 아이는 국제중학교에 다녔는데, 이미 거의 다 알고 있었기 때문에 가르칠 것이 별로 없어 그저 동그라미만 치고 있었던 것 같다.

그러던 어느 날 그 아이가 질문이 있다고 했다. 나는 모처럼 기뻐서 답변할 준비를 하고 있었는데, 문법 문제였다. '문법 설명은 별로 자신이 없는데' 라고 생각했지만 일단 들어보자 싶었다. 그건 혼합가정법에 대한 질문이었는데 나는 그게 맞는 문장인 건 알겠는데, 왜 맞는지 설명을 할 수 없었다.

갑자기 서러움이 몰려와서 나는 그 자리에서 엉엉 울어버렸다. 그러고 나서 수업하던 방을 나가 어머님께 말씀드렸다. "아이가 저한테 질문을 했는데 제가 잘 모르겠어요. 그래서 오늘 수업은 없던 것으로 하고 다음 시간에 와서 확실히 알려줄게요." 그 어머님은 눈이 벌게진 나를 보고 놀라시며 "아니, 선생님이 모든 걸 다 어떻게 알겠어요? 오늘 수업은 거의 다 했는데 왜 없던 걸로 하고요? 괜찮아요"라고 하셨다. 하지만 나는 결국 울면서 그 집을 나섰다. 집에 오는 길에 좀처럼 떨쳐낼 수 없는 창피함에 몸서리쳤다. '다시 저 아이를 내가 볼 수 있을까? 나는 왜 저걸 설명을 못하지? 저게 분명히 맞는데, 왜 그런 건지 말을 못해?' 하는 생각에 서러웠다.

가정법, 너는 내게 모욕감을 줬어

다음 날 아침 일찍 나는 학교 도서관으로 갔다. 도서관에 비치되어 있는 시중 문법책을 포함해 전공 문법서까지 모두 꺼내 책상에 쌓았다. 기다란 8인용 짙은 갈색 책상이 온갖 문법책으로 둘러싸였고, 마치 그 책들이 요새라도 되는 양 나는 그 속에 파묻혀 가정법 파트를 어떻게 하면 잘 설명할 수 있을지 하루 종일 고민했다. 그 모습을 보고 "너 지금 뭐하고 있니?"라고 묻는 동기들에게 웃으며 그냥 나와의 싸움이라고만 답했다. 아마도 그들은 내가 어딘가 좀 이상하다고 생각했을지도 모르겠다. 아무렴 어떤가. 나는 그것을 해내야만 했다.

그리고 도서관 문이 닫히기 직전, 가정법 파트에 대한 나만의 교재를 만들어냈다. 이론 설명과 연습 문제, 작문 문제까지 포함한 총 15장의 문법 설명 자료를 만들어냈다. 그리고 그것들을 잘 설명하는 연습을 했다. 더 이상 버벅거리는 모습을 보일 수 없었다. 다음 날, 만반의 준비를 마친 나는 자료를 들고 다시 그 아이를 찾아가 자세하게 설명해줬다. 그 친구는 고개를 끄덕이며 "이제 이해했어요"라고 대답했고, 나는 속으로 야호를 외쳤다. 추가 질문도 이어졌으나, 당연히 문제없이 설명해줄 수 있었다. 문법은 사실 어려운 게 아니다. 지루해 보이기 때문에 별로 알고 싶어 하지 않아서 그렇다.

약 한 달간 나는 대부분의 문법 파트를 같은 방식으로 파고들어 200페이지짜리 영어 문법책을 만들어냈다. 다시는 문법 때문에 곤혹스러움에 빠지고 싶지 않았다. 그리고 이 교재는 아직도 내가 틈틈이 리뉴얼하며 특강 때마다 사용하고 있다. 이제 문법 수업은 어디 내놓아도 자신 있다. 어떤 걸 물어도 자신 있게 설명해줄 수 있다.

자, 이제 게임을 시작해볼까?

기회는 준비된 자에게 온다고 했던가? 그렇게 나만의 문법책이 완성되고 뿌듯해할 무렵, 같은 과 동기가 내게 본인이 일하기로 한 학원이 있었는데 개인 사정으로 일을 못 하게 되었다고 했다. 그런데 그 학원에서는 후임이 없어서 곤란해하고 있으니 도와줄 수 있겠냐고 물었다. 무슨 학원이냐고 했더니 일본 유학 시험을 준비하는 학생들을 위한 학원이고, 본인이 맡기로 했던 건 토플 수업이라고 했다. 그때만 해도 나는 토플이 사실 뭔지도 정확히 잘 몰랐고, 그 시험을 본 적도 없었다. 그렇지만 '한번 해보자' 하는 마음에 그 학원에 면접을 보러 갔다. 무식하면 용감하다고 했던가? 나는 어릴 때부터 참 배짱이 좋았다.

원장님을 뵙고 나니, 토플 독해 파트 시험지와 문법 시험지 그리고 에세이 주제가 적힌 종이를 주셨다. '문법? 이제 자신 있지'라고 생각했다. 문법 문제부터 거침없이 풀어나갔다. 그다음엔 에세이였다. 게다가 한 번 써봤던 주제였다. 휴학하고 매일같이 에세이를 썼으니 족히 200개는 넘게 썼을 텐데, 그중에 하나 안 걸릴 수가 없었다. 그러고 나서 토플 독해 시험을 봤는데 어휘가 생각보다 쉽지 않았지만, 긴 지문들의 내용은 CNN 뉴스 아티클에서 봤던 것들도 있었고, 어디선가 읽거나 들어본 적 있던 것들이었다.

그 후, 문법 문제 하나와 리딩 문제 하나를 골라 시강을 해보라고 하셨다. 문법은 악착같이 정리를 잘 해뒀으니 설명을 잘할 수 있었고, 리딩은 그저 내가 풀어낸 방식을 설명했다. 시강을 다 들은 원장님은 그날 당장 3시부터 수업을 하라고 하셨다. 내가 시강을 끝낸 시간은 1시였는데 말이다. 하나는 문법 수업 다른 하나는 토플 리딩 수업이었다.

문법은 교재가 정해진 게 없으니, 학원에 비치되어 있는 시중 교재들 중 하나를 복사하라 하셨다. 그리고 문법 첫 시간이니 오리엔테이션처럼 수업을 진행해도 된다고 하셨다. 그러나 내게 시중 교재가 왜 필요하겠는가? 내게는 나만의 문법 교재가 있는데 말이다. 그래서 나는 내가 만든 문법 교재를 인쇄하고, 토플 리딩 수업을 3시까지 준비한 후 바로 수업에 들어갔다. 위기는 극복하는 사람을 위한 기회임이 틀림없다. 나중에 원장님께 전해들은 바에 의하면, 사실 내가 몇 문제를 틀리긴 했지만 그것보다 나의 강의가 더 마음에 드셨다고 했다.

5장

똑똑하고 야무지게 영어학원 활용하는 법

어머님들,
이러시면 곤란해요

슬기로운 학원 생활

세상에는 다양한 사람들이 산다. 선생님들의 수업 스타일과 성향도 개인마다 다르고, 아이들도 제각기 독특한 개성과 특징을 가지고 있다. 학부모들도 마찬가지다. 어떤 학부모들은 예의 있고 기품 있는 반면 무례한 사람들도 많다. 만약 그런 분들 중 예의 없이 '갑질'을 한다면 나도 받아주지 않으면 그만인데, 가장 안타까운 것은 아이들이 일반적으로 그런 부모의 모습을 닮는다는 것이다.

보통 학원 상담실에서는 신규 상담이나 재원생들의 학업 성취도, 수업 태도, 과제 성실도 등에 대한 이야기를 나누게 되는데, 생각보다 속상함과 괴로움을 토로하다 눈물을 보이는 학부모님들이 적지 않다. 그래서 상담실에는 늘 휴지가 구비되어 있다. 눈물을 보이지 않더라도, 분통이 터지고 화가 나는 감정을 토로하는 분들도 많다. 가끔은 나도 그 분들의 감정에 이입되어 울기도 하고 속상함을 함께 하기도 한다. 이번 장에서는 이러한 15년간의 나의 학원 운영 경험과 여러 학부모님들을 만나면서 깨달은 영어학원을 현명하게 활용하는 방법에 관해 소개하고자 한다.

악역은 제가 맡겠습니다

어머님들이 상담 오셔서 가장 많이 하는 말이 두 가지 있다. "아이가 공부를 안 해요"와 "아이가 말을 안 들어요"다. 아이들이 말 안 듣는 것이야 하루 이틀 일이 아니고, 서른이 훌쩍 넘어 마흔으로 달려가는 나 또한 여전히 '엄마 말을 잘 안 듣는 처지'이므로 이런 평가를 받는 아이들을 나는 십분 이해한다.

또한 내가 공감하는 부분은 이것이다. 자식이 태어나기 전에는 모든 것이 내 맘대로 되지는 않더라도 내가 하고자 한다면 대부분 나의 의지에 따라 해낼 수 있다. 그러나 아이가 태어나는 순간, 내 의지만으로는 컨트롤할 수 없는 존재가 생긴다.

그 존재가 생판 모르는 남이라면 그들이 뭘 하든 굳이 에너지 쏟아가며 관심 가질 일도 없지만 나의 분신과도 같은, 눈에 넣어도 안 아픈 존재라면? 그래서 말을 안 듣는 아이는 부모에게는 차디찬 배신감을 안겨줄 수 있다. 거기다 사춘기라도 오면, 부모들의 심정은 더 타들어간다. 공부든 생활이든, 아이와 갈등이 생기는 시기가 닥쳐오면 부모와 아이가 그간 쌓았던 돈독한 관계가 그 시기를 버텨줄 자원이 되어줄 것이다. 삐딱선을 타는 아이와 그런 아이를 봐주기 힘든 부모가 격돌하면서 시한폭탄이 집 안에 있는 것만 같을지라도 돈독한 관계를 흐트러뜨리지만 않는다면, 이 시기를 잘 넘어가는 경우를 나 역시 많이 봤기 때문이다.

그래서 어머님들이 아이가 말을 안 듣고 공부를 안 한다는 고민을 해오시면, 나는 상담 시간에 이렇게 말씀드린다. "어머님, 어머님께서는 아이를 그냥 내버려두세요. 악역은 제가 맡겠습니다. 숙제 안 하고, 공부 안 하는 것은 다 제가 책임지고 혼낼 테니, 어머니께서는 '칭찬'과 '공감'을 맡아주세요."

부모는 아이들에게 최고의 친구, 'good lister'가 되어야 한다. '아이도 안 낳아본 사람이 뭘 알아?'라고 생각하는 사람이 있을지 모르겠다. 하지만 나는 15년 동안 적어도 몇백 명의 사춘기 아이들과 그들의 부모를 만났던 데이터가 있다. 그 아이들은 혼내도 '혼나지' 않는다. 잔소리로 아이를 바꿀 수 없다. 이것 또한 수백 명의 사춘기 자녀를 둔 학부모들을 상담하며 쌓인 데이터다.

단적인 예로, 나는 사춘기 아들의 모든 말에 귀 기울인 좋은 엄마를 알고 있다. 그 어머님은 아들에게 누누이 이야기하셨다. "사춘기는 누구나 겪는 그런 것이지만, 엄마는 네가 적어도 엄마한테 입 닫고 혼자 고민하지 않았으면 좋겠어. 세상에서 제일 사랑하는 우리 아들이 어떤 고민을 하고 있는지 엄마는 알고 싶고, 같이 고민하며 해결해주고 싶어." 그 결과 모자 관계는 돈독해졌고 엄마에 대한 충성심 또한 생긴 듯했다.

이 아이는 불쑥 화가 나거나 짜증이 나거나 하면 이렇게 말했다고 한다. “엄마, 내가 사춘기라 그런지 지금 괜히 심통이 나고 화가 나. 어떡하지?” 그러면 그길로 아이를 데리고 산책을 나가거나, 보드게임을 하거나, 아이가 원하는 활동을 함께 했다. 그 아이가 공부하고 싶지 않아서 학원 오는 길에 펑펑 울면, 그 어머님은 학원에 결석을 알리고 아이를 데리고 롯데월드에 갔다.

아직 어린 우리 아이들은 각자 인생의 답을 찾는 길에 놓여 있다. 부모는 답이 없는 이 세상에서 함께 답을 고민해주는 사람이라고 생각한다. 혼란스러워하는 아이의 옆을 든든하게 지켜주는 일이 부모가 할 일이다. 학원을 슬기롭게 다니는 법은 어렵지 않다. 필요하다면 악역은 학원에게 맡기고 부모는 길잡이 역할만 해주자.

레벨이 뭐라고

신입생 레벨 테스트를 할 때 부모의 예상보다 훨씬 낮은 반으로 배정이 되었을 경우, 황당하고 화가 나서 눈물을 보이는 어머님들을 많이 만나봤다. 영어 공부 시키겠다고 영어유치원부터 사립학교에 유명하다는 어학원까지 모두 보내며 시간과 돈과 에너지를 모두 투자했는데 이렇게 인풋 대비 아웃풋이 안 좋을 수가 있냐는 거다.

솔직히 이건 한마디로 말하면 엄마의 욕심이다. 인풋 대비 아웃풋이 잘 나오는 가성비 좋은 자녀만을 원하는 것인가? 아이마다 재능도 소질도 능력도 모두 다르다. 언어에 소질이 없을 수도 있고, 아이 성향과 맞지 않는 교육 방식을 선택했을 수도 있고, 단순히 공부를 열심히 안 했을 수도 있다. 언어에 소질이 없는 것은 적어도 부모 중 한쪽을 닮았을 거고, 아이 성향과 맞지 않는 방식의 교육은 부모의 선택이었으니 아이의 잘못이 아니며, 열심히 공부를 안 한 것은 이제부터라도 도와주면 되는 것이다. 엄마의 실망만이 이 모든 것을 앞서간다.

신입생 필기 시험 결과에 따른 반 배정 상담 후에 어떤 어머님이 매우 실망한 표정으로 상담실을 나선 적이 있었다. 뭔가 불길한 마음에 나는 아이가 기다리고 있는 대기실의 cctv를 보게 되었는데, 그 어머님은 대기실에 도착하자마자 아이의 뺨을 때리는 게 아닌가? 나는 기함했-다. '이게 뭐 일생일대 중요한 시험이었나?' 더 화가 나는 건 그 아이의 반응이었다. 울지도 않았고, 반항하지도 않았고, 그저 본인의 소지품을 챙겨 나갈 채비를 하는 게 아닌가? 이것은 그 아이의 일상이었던 것이다.

너무 화가 나서 마음을 추스린 후 쫓아나갔는데 아이와 엄마는 이미 학원 문을 열고 나간 뒤였다. 나는 그날 아동학대 신고를 해야 하나 수천 번 고민하며 밤을 지새웠다. 아이들은 모두 하나의 고유한 인간이며, 각자 서로 다른 재능을 가지고 있다. 어떤 분야에 재능이 없는 아이를 밀어붙이는 것은 물고기에게 육지에서 잘 뛰지 못한다며 혼내는 것과 같다. 다른 친구들보다 성취도가 조금 늦게 나타나는 아이들을 윽박지르는 것은 아이의 자존감에 상처

내며 공부와 더욱더 멀어지게 하는 것이다.

나는 개인적으로 수학에 정말 소질이 없다. 그래서 학창 시절 수학 점수 70점을 맞고 '와, 내가 웬일이냐. 이렇게 수학을 잘 보다니'라고 생각했던 적이 있다. 이런 나에게 우리 부모님이 수학을 못한다고 타박하고 혼내기만 했다면 나의 언어적 소질은 계발되지 못했을 것이고, 평생 열등생 혹은 낙오자의 주홍글씨를 달고 살았을지도 모른다. 그러니 일단은 그냥 지켜봐주면 안 되는 것일까?

과거의 우리도 모두 어린이였다. 그냥 살다 보니 어느 순간 어른이라고 불리고 있다. 좋은 어른은 자신도 어린이였다는 사실을 기억하고, 그들의 미성숙함을 이해하고 실수를 보듬어주며, 단점보다는 장점을 찾으려고 노력하는 사람이라고 생각한다. 공부를 좀 못하면 어떤가? 그 아이들은 그 자체로 사랑스럽고 귀한 존재다. 아이들을 단순히 학습 성취도만으로 판단한다는 것은 아이들 미래에 잿물을 끼얹는 격이다.

나는 학원 상담을 오는 학부모들에게 레벨에 목숨 걸지 말라는 말을 꼭 한다. 레벨은 학원이 아이들을 효율적으로 학습시키기 위해 분류한 기준표에 불과하다. 어느 학부모는 대형 학원 레벨을 올리기 위해 별도의 과외를 시킨다는 웃지 못할 이야기도 들었다. 이는 아이의 학습권을 아주 심각하게 침해하는 행위다. 마치 건강검진 결과표를 좋게 받기 위해 갑자기 평소 안 하던 금주와 금연을 하고 건강검진을 받는 것과 같다.

엄마가 의사 되래요

학원에 처음 레벨 테스트를 보러 오면 아이들은 반드시 나와 영어 인터뷰를 하게 되는데, 나는 이 시간이 참 재밌다. "너는 커서 뭐가 되고 싶니?"라는 질문은 너무 식상해서 나는 그 질문 대신 "어떤 어른이 되고 싶어?"라는 질문을 던진다. 그런데 어떤 어른이 되고 싶냐고 물었음에도 불구하고 아이들은 대부분 직업을 말한다. 아이들은 의사나 선생님, 변호사, 과학자 등이 되고 싶다고 하는데, 그중 가장 충격적인 답변은 공무원이었다.

공무원이 나쁘다는 것이 아니다. 그 뒤에 이어진 아이의 답변 때문이었다. "안정적인 직업이라서요." 아이들이 벌써부터 안정적인 직업을 원하는 모습에 씁쓸했다. 어떤 아이는 의사가 되고 싶다고 자신 있게 말해서 "어떤 의사가 되고 싶은데? 어떤 사람들을 돕고 싶어?"라고 물었더니 "그냥 돈 많이 벌려고요. 엄마가 의사 되라고 했어요"라는 대답이 돌아왔다.

그러던 어느 날 한 아이가 인터뷰가 끝날 때쯤 나에게 물었다. "What do you want to be in the future(선생님은 나중에 뭐가 되고 싶어요)?" 나는 성인이 된 후 그런 질문을 처음 받아봐서 굉장히 신선한 충격이었다. 다행히도 나는 조각조각 구체적인 꿈들을 많이 가지고 있는 사람이라 나에 대한 이야기를 들려줬다. 나는 우선 예쁜 정원이 있는 복층 집에서 살고 싶고, 위층에는 책으로 가득한 서재가 있어야 한다고 말했다. 안락의자에 앉아 커피 한 잔 마시면서 음악을 들으며 책을 읽고 이따금씩 정원을 바라보고 싶다고도 말했다. 마음이 아픈 친구들을 도와주고 싶어서 미술 심리상담사 자격증을 취득했고, 이 자격증을 활용해서 아이들에게 도움이 되는 사람이 되고 싶다고 이야기했다.

그 아이는 이런 질문에 나처럼 대답하는 사람을 처음 봤다고 했다. 그래서 이런 대답을 해줬다. "이런 게 꿈이야. 직업은 수천수만 번 바뀔 수 있고, 지금 있는 직업들의 대부분은 네가 어른이 됐을 때 없어질 것들이야. 직업을 꿈으로 갖지 말고 어떤 사람이 되고 싶은지, 네가 정말 좋아하는 것은 무엇인지 고민해."

아이들에게 아직도 꿈을 강요하는 사람들이 있다. 본인의 이루지 못한 꿈은 본인이 현실화하고, 아이는 아이만의 꿈을 꾸게 해주자. 언어는 그 나라를 둘러싼 사회와 문화, 사람들의 사고방식을 총체적으로 배우는 길이다.

따라서 영어학원에서 영어만 배운다고 생각하는 것은 좁은 시각이다. 우물을 벗어나 큰물에서 놀아본 사람은 큰물의 진가를 아는 법이다. 외국에 나가지 않고도 영미권 문화를 경험할 수 있는 길은 얼마든지 있다. 이것이 내가 아이들에게 배경지식을 통해 해주고 싶은 이야기들이다.

학원을 100% 활용하는 다섯 가지 노하우

교육 철학도 궁합이 맞아야 한다

우리는 '가성비'를 늘 따지면서 산다. 내가 방금 사먹은 떡볶이가 맛있으면 만 오천 원도 아깝지 않고, 맛없으면 단돈 삼천 원도 아깝다. 맛없는 떡볶이를 먹기 싫으면 맛있는 집에 가면 되고, 직접 만든 떡볶이가 제일 맛있다면 본인이 만들어 먹으면 된다. 떡볶이 집에 가서 떡볶이가 짜거나 싱겁다고 피드백을 줄 수는 있다. 그러나 본인의 입맛이 모든 사람의 입맛을 대표하지는 않기 때문에 그 피드백을 받아들이는 것은 떡볶이집 주인의 몫이다. 한 번 먹어보고 맛이 없으면 다시는 안 가면 된다. 조금 아쉬웠다면 피드백을 줘보고, 한두 번 정도 더 가봤는데도 달라지지 않고 여전히 입맛에 안 맞으면 안 가면 된다.

그러나 학원은 그렇지 않다. 한두 번 만에 만족을 경험할 수 없다. 또한 수강료 결제는 엄마가 해도 배우는 것은 아이의 몫이다.

그래서 학부모의 만족도와 실제 수업을 듣는 학생의 만족도가 다를 수도 있다.

학원을 선택할 때는 여러 가지 기준이 있겠지만 가장 최우선으로 두어야 하는 것은 '부모의 교육 철학과 해당 학원의 교육 방침이 일치하는가'다. 학원과 학부모는 한 팀이다. 영어 학습의 목표는 학습자마다 다르고, 서로 다른 목표를 가졌다고 어느 특정 목표가 틀리거나 옳거나 한 것이 아니다. 그래서 정말 중요한 것은 부모가 영어 교육에 대한 생각을 확실히 정하고, 그에 맞는 학원을 찾아나서는 것이다. 그 후엔 그냥 믿고, 기다려주어야 하는데 자꾸 조바심이 나기 때문에 이것은 생각보다 쉽지 않다.

커리큘럼을 주기적으로 바꾸는지 확인하자

이제는 별로 그런 경우가 없으나, 학원이 자리 잡기 전에 팔짱을 끼고 이런 식의 질문을 하는 어머님들이 더러 있었다. "제가 대형 학원만 보냈는데, 여기를 선택해야 하는 이유는 뭐죠? 대형 학원과 비교했을 때 이 학원의 장점은 뭔가요?"

지금처럼 운영 경력이 조금 쌓였다면 웃으면서 그 상황을 잘 풀어갈 수도 있었을 것 같은데 그 당시 나는 초짜 원장이라 그럴 여유가 없어 감정이 앞섰다. 나는 "제가 어머님의 의지에 반해 어머님을 이곳으로 초대한 것이 아니잖아요? 어머님이 직접 이 학원의 문을 두드리신 거고, 여길 선택하시는 것은 커리큘럼 설명을 들어보신 후 어머님의 몫이고요. 전 다른 학원에 별로 관심이 없어요. 어머님이 직접 대형 학원들과 비교를 많이 해보시고, 다시 방문해 주세요"라고 말했다.

어떤 학원이 좋은 학원인지를 그 학원에 가서 묻는 건 별로 도움이 되지 않는다. 학원을 선택하는 이유는 여러 가지겠지만 단순히 떡볶이를 사먹는다든가, 백화점에 가서 예쁜 옷을 사거나 미용실에 가서 헤어 스타일을 바꾸는 것과는 다른 것 같다. 어떤 학원은 겉으로 보기에는 화려하고 멋져 보이지만 말 그대로 빛 좋은 개살구이기도 하고, 또 어떤 곳은 작고 허름해서 사실 별거 없어 보이지만 알고 보면 정말 알차기도 하다.

물론 가장 이상적인 것은 안으로도, 밖으로도 알찬 멋진 곳이다. 그런데 그런 걸 처음부터 알 수는 없는 노릇이다. 보내봐야 안다. "저는 시행착오를 겪고 싶지 않고 처음부터 알고 싶은데 어떻게 하나요?"라고 묻는다면 그것은 그 학원 재원생 학부모들의 학원에 대한 신뢰를 보면 된다고 생각한다. 입소문이 무서운 이유다. 물론 각종 맘 카페에 악성 댓글로 일관하고, 불만을 갖고 특정 학원에 대한 안 좋은 소문을 퍼뜨리는 사람들도 있지만 딱 10명에게만 물어보면 답이 나오지 않을까 싶다.

나는 끊임없이 커리큘럼을 수정하고 발전시킨다. 이상적이라 생각해서 도입했는데 진행하다가 생각보다 별로면 가차 없이 잘라내고 다른 방식을 시도한다. "이 학원은 시스템이 없나요? 왜 자꾸 이렇게 바꾸나요?" 하는 분들도 있지만 개인적으로 나는 시스템이라는 것은 만들어놓고 그냥 두는 것이 아니라 계속적으로 발전시켜야 하는 것이라고 믿는다.

기존의 방식을 변경한다는 것은 사실 정말 손이 많이 가는 일이다. 그래서 어떻게 보면 조금 만족스럽지 않게 돌아가더라도 그냥 하던 대로, 시스템으로 돌아가게 하는 것이 어찌 보면 편하다. 하지만 나는 부모님들께 어느 학원을 선택하든지 필요하다면 커리큘럼을 수정해가며 아이들을 위해 늘 고민하는 학원을 선택하라고 조언한다. 구르는 돌에는 이끼가 끼지 않는다. 학습도, 교재도, 교수법도 마찬가지다.

피드백을 요청하라

나쁜 학원은 없다. 다만 나와 맞는 학원이 있고, 맞지 않는 학원이 있을 뿐이다. 나쁜 학생도 없다. 학원과 맞는 학생, 맞지 않는 학생만이 있을 뿐이다. 스타일에 맞지 않는 학원에 장기간 다니면서 별로 거둔 게 없는 친구들도 물론 있지만, 투자한 시간에 비해 성취도가 낮은 친구들의 데이터를 살펴보면 계속해서 학원을 바꿨던 경우가 많다.

보통 특정 학원의 수업 시스템과 과제들에 익숙해지기 위해서는 최소 1~2개월 정도 걸린다. 그런데 다니다가 별 성과가 없는 것 같으면 3개월 혹은 5개월 주기로 학원을 갈아탄다. 어쩌면 이제 막 적응하려고 했던 아이일 수 있다. 그러면 이 아이는 다시 새로운 학원에서 또 적응을 한다. 새로운 학원에 적응할 만한데 엄마는 또 뭔가 탐탁지 않다. 그래서 다시 학원을 바꾼다. 그러면 이 아이는 3개 학원을 바꾼 기간인 6개월 정도를 버렸다고 보는 것이 맞다.

그래서 나는 신입생 상담을 할 때 꼭 우리 학원을 다니라고 말하지 않는다. 그 아이가 이전 학원에서 잘 적응하고 있다면 그리고 성과도 나쁘지 않다면 굳이 바꾸지 말라고 말하는 경우도 더러 있다. 신입생 한 명이 매출과 직결되는 것은 사실이지만 그저 나는 있는 그대로 말하는 편이다. 제일 중요한 건 학원을 선택할 때 커리큘럼 설명을 잘 듣고, 우리 아이가 이 학원과 잘 맞을까 고민하고, 일단 결정하면 믿고 맡기는 것이다.

그런데 여기서의 함정은 '믿고 맡긴다'라는 것을 '수강료를 내고 내가 아이를 학원에 보내니까 알아서 해주겠지'라고 생각하는 것이다. 아이가 잘 따라가고 있는지 아이의 과제를 수시로 확인하고, 아이에게 어려운 점이 없는지 파악하고 학원에 도움이나 피드백을 요청해야 한다.

예를 들어 파닉스 과정을 1년 동안 했는데 학원에 와서 레벨 테스트를 받아보니 읽을 수 있는 단어가 거의 없는 아이들이 생각보다 많다. 그런데 이건 부모의 책임인 경우가 많다. 중간 점검을 해봤어야 했던 것이다. 아이가 못 따라가면 학원에 추가 설명도 요구하고, 엄마도 집에서 도와주고, 혹은 학원 스타일과 아이가 맞지 않으면 적절한 시기에 갈아탔어야 했다.

고마운 컴플레인을 하라

컴플레인을 좋아할 사람은 아무도 없을 것이다. 누가 그 피로한 것을 좋아하겠는가? 그러나 상식선에서 이해가 되고 예의 있게 제기되는 컴플레인이라면 나는 언제든 환영한다. 상식선에서 학원에 컴플레인을 해오는 학부모들에게는 얼마든지 아이의 상태를 파악하고 그 지점을 기준으로 상담을 해드린다. 그렇게 해야 학부모가 학원에 대해 믿음을 더 갖게 되고 아이들의 실력을 향상시킬 수 있다고 믿기 때문이다.

숙제를 줄여달라는 컴플레인이나 예의 없게 막무가내로 본인 기분에 따라 하는 컴플레인이 아닌 이상 곰곰이 생각하고 회의를 통해 절차를 밟아 수용하려고 노력한다. 그러고 나면 학원이 조금 더 성장하는 느낌이 든다. 그런 건 정말 고마운 컴플레인이다. 실제로 그런 방식의 컴플레인을 했던 학부모에게는 감사하다는 말을 건넨다. 그런 학부모님은 대부분 아이를 진심으로 믿고 맡길 수 있다면서 오히려 더 감사해하신다. 반면에 수용하기 어려운 컴플레인은 강력히 대응하는 편이다. 컴플레인의 내용을 수용하는 대신 자초지종을 설명한 뒤에 이해해달라고 부탁드린다. 그렇게 해도 학부모가 받아들이지 못한다면, 그 나머지는 학부모 몫이라고 생각한다.

좋은 학원과 나쁜 학원이 따로 있는 게 아니다. 아이들에게 정말 좋은 학원이 되어주기를 바라는 마음에서 하는 컴플레인이라면 얼마든지 좋다. 그런 말도 안 들어주는 학원은 아마 없을 것이다.

그러나 컴플레인을 위한 컴플레인을 한다면 경청하기 어렵다. 다행히도 우리 학원 재원생 학부모님들 중에는 컴플레인을 위한 컴플레인을 하시는 학부모님들은 거의 없다. 우리 아이가 더 잘 배우길 바란다면 학원에 '고마운 컴플레인'을 하자. 학원도 고마워할 것이다.

숙제만큼은 꼭 '봐'주자

아이의 숙제를 봐줘야 한다는 사실에 골머리를 앓는 부모들이 꽤 많다. 시간이 없는 부모들도 있고, 아이의 숙제를 봐주기가 실제로 버거운 경우도 있다. 숙제를 봐달라는 것은 아이의 숙제를 엄마가 대신 하라는 말이 아니다. 아이가 낑낑거리는 모습이 안쓰러워서, 아이가 쓴 영어 문장이 영 탐탁지 않아서 엄마나 아빠가 대신 숙제를 해서 제출하는 경우도 있다.

그러나 분명히, 숙제는 아이가 하는 거다. 엄마와 아빠는 말 그대로 '봐주기만' 하면 된다. 숙제 시트를 펴고 주어진 과제를 다 해냈는지 같이 확인하고, 격려하고, 피드백도 주는 것이다. 만약 발표 연습을 해야 한다면 부모 앞에서 한번 해보라고 하고 환호성을 지르고 기립박수를 쳐주는 그런 것 말이다.

아이들은 적응하면 생각보다 잘 해낸다. 적응하기까지는 물론 힘들다. 한자리에 앉아서 집중해서 과제를 해내는 힘 그리고 거기에서 오는 과제 집착력과 성취감은 모두 다 연결되어 있다. 엉덩이 힘이 생길 수 있도록 격려하고 도와주는 역할이 필요하다. 학업 성취도를 돕는 요인에는 지능, 학습 스타일과 성향, 학업에 투자한 시간과 에너지 등 여러 가지가 있다. 하지만 여러 연구에서 나타난 것처럼 가장 중요한 것은 학업에 대한 '부모의 관심'이다. "숙제를 봐달라"는 말은 "아이의 숙제를 당신이 해라"가 아니라 아이의 숙제를 "관심을 가지고 봐달라"는 것이다.

제대로 공부하자 달라진 아이들

영어 하나 제대로 공부했을 뿐인데

아이들은 변하기 쉬운 존재다. 그래서 성장 과정에서 어떤 경험을 하느냐에 따라 아이가 가져갈 자신감의 양과 질이 달라진다. 우리 학원을 보낸 어머니들이 공통적으로 하는 말이 있다. 영어 하나 제대로 공부했을 뿐인데, 많은 것들이 달라졌다는 이야기가 그것이다.

아이들은 영어 말하기·쓰기에 대한 자신감을 얻으며 동기가 향상되는 것은 물론이고 어떤 지식을 배우고 스스로 재구조화하는 과정에서 논리력도 뛰어나게 향상된다. 영어 실력이 향상되면서 '나는 할 수 있다'는 자기 효능감도 생겨서 자신 없던 다른 과목에도 도전할 수 있는 에너지가 생긴다.

우주 최강 shy boy, 전교회장 선거에 나가다

A라는 학생은 처음 신입생 레벨 테스트를 보러 왔을 때, 나와 거의 눈도 마주치지 못하고 영어로 질문을 해도 “I don’t know” 등 단답형으로만 대답했다. 상담 시 어머님께서도 “이 아이는 정말 수줍음이 많은 내성적인 아이라서 이렇게 발표가 많은 학원에 보내는 것이 맞는지 정말 망설였다”라고 말씀하셨다.

본격적인 수업이 시작된 후, 수업 시간에 그 학생은 역시나 거의 손을 들지 않았다. 그렇지만 손을 들지 않아도 발표 기회는 공정히 주어졌다. ‘질문을 받았을 때 내가 생각하는 답이 틀리면 어떡하지?’ 하는 표정으로 대답하기까지 오랜 시간이 걸렸다. 그 학생에게는 대답할 시간을 충분히 주거나, 미리 어떤 질문을 할 것인지 이야기해주며 수업을 진행했다. 그 학생의 대답이 선생님이 원하던 것이 아니거나 배운 내용과 조금 벗어난 내용이라 해도 “Good guess! Nice Try”를 외치며 격려했다.

2개월이 지나자 그 학생은 서서히 손을 들기 시작했고, 안 시켜주면 서운해하기도 했다. 발표 수업 시간에는 카메라를 켜고 ready, set, go를 외치면 초반에는 얼굴이 빨개지고 준비해왔던 말들이 기억이 안 나고 머릿속이 하얘져서 울음을 터뜨리기도 했다.

그러나 그 아이의 발표 영상이 블로그와 재원생 전용 밴드에 업로드되고, 그 친구의 모든 가족들이 둘러앉아 발표를 감상하고 환호를 했다. “너 진짜 최고다. 어떻게 이런 걸 해냈어? 진짜 너 훌륭하다”라는 칭찬이 쏟아졌다. 그렇게 발표 수업에 적응이 되어갈 때쯤 전국 영어 말하기 대회에 나가 대상을 차지하게 되었고, 그 자리에는 가족들 모두 참석해 꽃다발을 안겨주고 아이를 꼭 안아주셨다. 6개월이라는 시간이 흐르고, 그 친구의 영어 실력도 일취월장했다.

그리고 그다음 해에 그 친구는 전교회장 선거에 출마해 멋지게 연설을 하고 당선을 거머쥐었다. 이제 과거의 그 수줍음 많던 아이는 찾아보기 어려워졌다. 발표할 때 여유가 넘치고, 발표 준비를 철저히 하면서 발표하는 시간을 즐긴다. 이제 이 아이는 어디다 내놔도 많은 사람 앞에 서서 자신의 의견을 말하는 데에는 누구에게도 뒤처지지 않을 것이다. 전교회장에 당선되고 그 어머님이 전해주신 말씀은 "이 아이가 배운 것은 영어뿐만이 아니라 자신의 의견을 많은 사람들 앞에서 자신 있게 이야기할 수 있는 힘과 해낼 수 있다는 자신감이에요"였다.

부모님을 마인드맵으로 설득하다

본문에 소개되어 있듯이 나는 모든 지식을 배운 후에 마인드맵으로 정리하고 그 내용에 본인의 의견이나 생각을 덧붙이도록 지도하고 있다. 처음에는 마인드맵이라는 도구가 생소해서 과제하는 데 시간이 조금 걸리지만, 익숙해지면 사실 그렇게 어려운 일이 아니다.

한 번은 마인드맵을 연습한 지 한 학기가 지나고, 반려견을 키우고 싶던 초등학교 5학년 아이가 마인드맵으로 반려견이 왜 필요한지, 반려견에게 필요한 것은 무엇인지, 본인이 반려견을 어떻게 돌볼 것인지를 마인드맵으로 만들어냈다. 세 꼭지에 세부 가지를 그려넣으면서 부모님을 설득할 마인드맵을 만들었다. 그리고 어느 주말, 저녁 시간에 부모님에게 할 이야기가 있다고 해 가족 구성원 모두가 식탁에 둘러앉았다. 그 학생은 늘 그랬듯 마인드맵을 들고 부모님께 그 내용을 발표했다. 발표를 다 듣고 난 부모님은 그길로 반려견을 들여주셨다고 한다. 그리고 나중에 어머님께서 이렇게 말씀하셨다.

"원장님, 정말 얘 부탁을 안 들어줄 수가 없었어요. 반박할 게 없더라고요. 그냥 단순히 조르는 게 아니라 얘는 반려견을 돌보는데 어떤 것이 필요한지, 어떻게 돌봐야 하는지 모두 알고 있었어요. 산책은 일주일에 세 번, 목욕은 2주에 한 번 시킬 것이고, 심지어 어떤 사료, 배변패드, 애견용 샴푸가 좋은지까지 조사했고, 그 비용을 자신의 용돈에서 어떻게 충당할 것인지까지 써뒀어요. 얼마나 충실히 지킬지 지켜보겠다고 하고 그 마인드맵을 냉장고에 붙여놨어요. 마인드맵 배우길 잘한 건지 아닌 건지 모르겠네요, 하하하."

수행평가가 누워서 떡먹기인 중학생

대부분의 중학교 수행평가는 말하기·쓰기

다. 어떤 주제에 대해서 발표를 하거나, 쓰거나 혹은 문법의 경우는 틀린 문장을 찾아서 왜 틀렸는지 발표하는 것이다. 이런 식의 수업을 해보지 않은 학생들은 학원에 수행평가 과제지를 들고 와서 어떻게 해야 하는지 모르겠다고 고민하고 학원 선생님들이 작성해주는 경우도 적지 않다 들었다. 그러나 나는 수행평가와 관련된 피드백을 바라는 요청을 단 한 번도 들어본 적이 없다.

학원에서 하던 것보다 주제가 쉽고 분량도 짧기 때문이다. 어떤 학생은 학교에서 당일에 작성해서 내기도 한다. 우리 학원 학생들의 수행평가가 학교에서 '우수 예시'로 선정되어 다른 학생들에게 제시되고 있다는 사실도 알게 되었다.

내신도 마찬가지다. 이미 대부분의 아이들은 AR 3~4점대 혹은 그 이상의 책을 읽고 있고, 그 책의 수준은 중3~고1 수준을 넘어선다. 이런 친구들에게 중학교 교과서의 텍스트는 그다지 고민거리가 되지 않는다. 이 친구들에게 필요한 건 내신형 문제에 익숙하게 해주는 것뿐이다. 실제로 우리 학원의 중학생들은 90점 이하의 내신 점수를 받아오는 경우가 없다.

우리 학원에는 나를 제외한 모든 선생님들이 교포·유학파라서 내신 수업이 가능한 사람이 나뿐이라 솔직히 내신 기간에 내가 좀 고달픈 것은 사실이지만 "이런 식으로 공부해서 내신 영어가 되나요?"라는 질문엔 정말 반기를 들고 싶다. 이런 식으로 공부하면 내신을 비롯한 그 어떤 영어 시험에서라도 우수한 성적을 받을 수 있다. 나는 오히려 거꾸로 묻고 싶다. "내신 영어만 해서 영어가 되나요?"

유학 왔는데 수업 적응 바로 했어요

학원을 다니다가 유학을 가는 학생들을 심심찮게 볼 수 있다. 물론 처음 영어권 국가에 가면 말하는 속도를 못 따라가고, 일상생활에서 쓰이는 단어 활용이 어색할 수 있다. 그러나 그건 몇 달 좀 답답해하며 펄쩍펄쩍 뛰다 보면 해결된다. 그러나 영어로 진행되는 수업을 잘 이해하고, 그 수업에서 주어지는 과제를 잘 수행할 수 있는 힘과 전략은 생각보다 적응 시간이 더 오래 걸린다. 하지만 우리 학원을 다니던 학생들은 대다수가 가자마자 적응을 하고, 과제에서도 훌륭한 점수를 받아낸다. 왜냐하면 매우 비슷한 시스템이기 때문이다. 학원에서 이미 영어로 다양한 과목을 배우고, 원서 책을 읽고, 에세이를 쓰고 발표했다.

그뿐만 아니라 빡빡한 학원인 탓에 단어도 많이 외웠고, 문법도 튼튼하게 배웠다. 그리고 이 수업들은 모두 영어로 진행했다. 아이들이 제출하는 쓰기 과제에 나는 혹독하게(물론 레벨에 따라 다르다) 피드백을 준다. 그러나 보통 영어권 국가에서는 내용만 충실해도 혹은 내용이 창의적이면 좋은 점수를 준다. 이 친구들은 이미 혹독한 피드백을 통해 글 쓰는 법을 알고, 지식의 재구조화 연습을 통해 '생각하는 힘'도 가지고 있다.

"유학을 언제 가야 하나요?"라고 묻는 학부모님들이 계신다. 그분들에게 내가 늘 하는 말은 "웬만큼 영어로 문장을 만들어 쓰고 말할 수 있어서 입이 근질근질해질 때쯤요"라고 말씀드린다. 또한 "유학은 갔다가 언제 돌아오면 되나요?"라고 묻는 분들도 계신다.

그분들에게 드리는 대답은 "돌아오지 마세요"다.

왜냐하면 유학 후 돌아온 친구들 중 엉덩이 힘을 잃고 오는 친구들이 많기 때문이다. 그 시스템에 익숙해지면 혹독한 한국 교육 시스템에 숨이 막히게 된다. 또한 다시 엉덩이 힘을 기르는 데 시간이 오래 걸리기도 한다.

결국 수능 체제의 교육을 다시 받을 거라면 개인적으로는 그 비용으로 가족끼리 해외여행을 자주 다니며 '영어의 쓸모'를 깨닫게 하거나 실제로 영어를 '활용'해보며 '아! 내가 영어를 괜히 배운 게 아니구나' 정도만 느끼고 오면 된다고 생각한다. 실제로 재원생 중 유학을 간 친구들의 부모님들이 한국에 있는 지인들에게 학원을 소개해오는 경우도 심심치 않게 볼 수 있다. 그분들의 추천사 첫마디는 이거다. "영어, 그렇게 배워야 돼."

아이보다 가족들이 환영하는 교육 시스템

우리 학원의 교육 시스템은 아빠들 혹은 워킹맘들의 응원을 많이 받는다. 회사에서 일을 하고 보니 실제로 발표할 일도 많고, 필요하다면 외국인과 전화로 혹은 이메일로 소통을 해야 하는 경우도 있다. 이런 것에 익숙하지 않다면 발표가 정말 스트레스로 와닿고, 전화통화는 살 떨리게 긴장되며, 이메일을 써도 네이버사전을 켜놓고 리포트 쓰듯 쓰게 된다는 것이다.

아이들의 발표나 글은 비록 정확도가 조금 부족하다 하더라도 연습이 된 친구들은 자신 있게 말하고 쓴다. 정확도는 그다음이다. 문법이 좀 틀리면 어떤가? 영어는 결국 하나의 언어고, 언어의 목표는 의사소통이 아니던가? 우리는 한국어를 말하면서 100% 문법에 맞게 말하고 쓰고 있다고 자부할 수 있는가?

우리 학원은 형제·자매 재원생의 비율이 높다. 부모님들이 원해서 그런 경우도 있지만 많은 재원생이 본인의 형제·자매에게 이곳을 추천한다. 그리고 이렇게 말한다. "야, 여기 힘들어. 숙제 많아. 근데 재밌으니까 참아져. 참다 보니 여기서 영어가 늘어." 아이들도 안다. No pains, no gains.

논술학원을 안 다녀도 돼요

요즘은 책을 읽고 자신의 의견을 내는 연습을 하는 논술학원이 흔하다. 논술 수업은 분명히 아이의 논리력과 독해력에 도움이 된다. 그리고 그 도움은 꼭 한 언어에 국한되는 것이 아니다.

한국어로 《콩쥐팥쥐》를 읽고 그 내용을 요약하며 자신의 의견을 조리 있게 설명할 수 있는 아이들은 필요한 단어만 주어지면 영어로도 해낼 수 있다. 그게 언어의 힘이다. 그래서 종종 우리 학원을 다니면서 병행하고 있던 논술학원의 끈을 놓는 경우를 발견한다. 결국 같은 것임을 깨달았기 때문이다.

영어로 써낼 수 있다면 한국어로 쓰는 것은 더 쉽다. 물론 영어

학원에서 읽는 원서와 논술학원에서 과제로 주어지는 책은 다르지만 어떤 책을 읽든 핵심 내용을 파악하고 자신의 생각을 더한다는 면에서 결이 같다.

토플이 뭔데?
나도 잘 몰라

우리 우선 친해지자

내가 20대일 때 가르치던 학생들은 고등학생, 재수생, 삼수생을 포함한 성인들이었다. 어찌 보면 그들과 나는 나이 차이가 별로 많이 나지 않아서 서로 공감을 할 수 있는 요소들이 꽤 많았다. 나는 첫날에는 수업을 하지 않았다. 영어에 빠져 있던 나의 어린 시절 이야기를 들려주었고, 그들의 이야기를 들었다. 모든 사람은 저마다의 스토리를 가지고 산다. 대기업에 취업했다가 그만두고 일본 유학을 준비하는 나보다 나이 많은 학생의 이야기, 내가 어릴 적 영어에 빠져 있던 것처럼 일본어에 빠져 일본 드라마·만화를 섭렵한 학생의 이야기, 국제중에 특목고를 거쳐 한국의 대학에 진학하려 했으나 입시 실패 후 일본 유학으로 방향을 전환하는 학생의 이야기도 들었다.

그렇게 첫 만남에서 어색함을 깨고 서로를 더 알아가는 시간을 가졌다. 이어서 나는 토플을 본 적도 없고 잘 모르는데 지금까지 내가 알아본 바로는 토플은 이런 시험이고, 이런 문제 유형들이 나온다는 설명을 더하며 수업 시간을 마무리했다. 이미 그들에겐 나의 토플 시험 경험과 점수는 중요한 것이 아닌 듯했다.

다 읽었어? 자, 이제 고개 들고 나를 봐

일단 토플 리딩 수업을 준비하기 위해서는 내가 읽는 게 먼저 였다. 학술적인 지문들이라 사실상 아무리 영어 단어를 많이 알아도 배경지식이 없으면 이해하기 어려운 부분도 있었다. 지문을 깊게 파고들어 추가 지식까지 탑재하고 해당 지문에 대한 마인드맵을 그려봤다. 내가 완벽히 알아야 잘 가르쳐줄 수 있다 믿었기 때문이다. 내가 학생들보단 해당 지문의 내용에 대해서 능숙하게 설명할 수 있어야 했다. 그래서 지문과 관련된 다른 정보들도 찾아 읽으면서 필요한 부분을 발췌해두었다.

토플 지문의 한 단락을 읽고 모두 고개를 들어 나를 바라보게 했다. 그리고 랜덤으로 한 명을 지목해 단락의 내용을 정리해보게 했다. 모든 단락에 대한 정리가 끝나면 다시 나를 바라보며 지문 내용을 돌아가며 설명할 수 있게 했다. 그러고 나면 비로소 지문 내용을 탄탄하게 이해한 것이 된다. 이어 내가 미리 준비해온 지문과 관련된 뉴스 기사나, 책에서 발췌한 인쇄물을 나눠주었다. 결국 지문을 잘 이해할 수 있는 것은 배경지식의 힘이고, 배경지식이 탄탄하다면 사실상 아무리 긴 지문이라 하더라도 두렵지 않게 되기 때문이다.

토플 지문을 이해하려면 고급 어휘들도 숙지해야 하는데, 그저 단어를 외우게 하는 건 도움이 되지 않는다고 생각했다. 단어를 외울 때 옆에 해당 단어가 들어간 예문을 찾아 적게 했다. 단어는 절대 따로 놀지 않기 때문이다. 문맥 속에서 이해해야 한다. 수많은 단어를 모두 외울 수는 없다. 대부분의 단어는 가능하다면 어원으로 접근하되, 해당 단어가 실제로 어떻게 쓰이는지를 알아야 모르는 단어가 나와도 추측이 제법 정확해지기 때문이다. 그리고 이건 내가 단어를 공부한 방법이기도 하다.

리딩 스킬은 독해력에 따라오는 덤

사실 나는 리딩 스킬을 배운 적이 없고, 잘 믿지도 않는다. 해당 내용을 잘 이해할 수 있으면 당연히 잘 풀 수 있다고 생각한다. 예컨대 첫 문장이나 마지막 문장만 읽고 메인 아이디어를 찾아낸다든가 하는 스킬에 의존하는 것은 매우 위험하다고 생각한다. 문제를 맞힐 수 있다 하더라도 그건 운이 좋았기 때문일 수도 있다. 스킬보다도 지문을 잘 이해하는 것 그리고 문제를 잘 푸는 사람의 논리를 따라가는 것이 중요하다고 생각한다.

문제풀이 방식도 조금은 달랐다. 답이 1번이라면 2, 3, 4, 5는 왜 답이 아닌지 모두에게 설명하게 하며 오답들을 추적해나갔다. 출제자가 왜 이런 오답을 만들어뒀는지, 지문에서 어떤 것이 함정이 되는지도 직접 찾아보게 지도했다. 출제자의 시각에서 지문을 바라보는 연습을 하면 오답의 함정에서 벗어날 수 있다. 그리고 오답노트를 만드는 것을 숙제로 냈다. 스스로 자꾸만 빠져드는 잘못된 추리 및 논리를 깨닫게 해주고 싶었다.

리딩 스킬은 남이 알려주는 게 아니다. 문제를 잘 풀어내는 사람의 논리를 벤치마킹해서 본인만의 방법을 찾아가는 것이다. 이런 방식에 익숙해진 내 학생들은 내가 "설명해보자"라고 하면 맞는 답을 일단 말한 후, 나머지 오답들을 고르면 안 되는 이유까지 설명할 수 있게 되었다.

빈 A4용지를 꺼내라

토플 에세이도 마찬가지로 내가 공부했던 방식으로 가르쳤다. 내가 에세이를 어떻게 쓸지 몰라 쩔쩔매며 도서관에서 밤을 새던 그날 정리해뒀던 내용과 내가 과외를 받으며 수백 편의 에세이를 쓰며 터득했던 스킬들을 쏟아냈다.

에세이 수업 첫날, 다섯 개 단락으로 쓰는 정형화된 에세이를 쓰는 방법을 설명한 후, 주제를 주고 이제 한번 써보라고 했다. 학생들은 멍하니 시험지를 바라보고 있거나 반복해서 주제를 읽고 있다가 그냥 답지에 문장을 적어 내려가고 있었다. 나는 빈 A4용지를 나눠줬다. 주어진 주제에 대한 글을 쓰기 위해 필요한 핵심 단어들을 브레인스토밍 과정을 통해 수업 시간에 같이 칠판에 쏟아냈다.

이어서 어떤 내용을 서론, 본론, 결론에 쓸 것인지 종이에 정리해보게 했다. 몇몇 친구들은 주어진 주제에 대해서 자신의 의견을 피력하려 애썼는데, 이 에세이는 도덕성을 요구하는 진솔한 글을 요구하는 것이 아니기 때문에 우선 여러 가지 주장을 정리해보게 했다. 그러고 나서 가장 많이, 잘 쓸 수 있는 의견을 택하도록 지도했다.

그렇다고 바로 쓸 수 있는 것은 아니다. 본인이 읽어서 아는 단어나 표현 그리고 실제로 본인이 영어로 써낼 수 있는 단어나 표현의 갭이 크기 때문이다. 나는 수업 전 해당 주제에서 쓸 수 있는 단어, 표현들을 미리 모아놓았고 그 자료를 나눠주며 그 안에서 쓰고 싶은 것들을 골라 본인 에세이에 녹일 수 있도록 지도했다. 써보지 않은 것은 영원히 자기 것이 될 수 없고, 본인이 아는 단어 내에서 써내려면 글의 수준의 변화가 없기 때문이다.

학생들이 제출한 에세이를 나는 밤새 첨삭했고, 그 에세이들은 적어도 3~4회의 다시 쓰는 과정을 거쳐 완성했다. 그러면 나는 본인이 처음 쓴 에세이와 최종본을 비교했을 때 어떤 점이 달라졌는지를 정리하는 것을 숙제로 냈다.

토플 시험 본 적 없는 토플 강사 본 적 있나?

몇 개월 후 나는 최다 수강생을 가진 강사로 거듭났고, 대부분의 학생들이 좋은 성적을 거두어 입시에 성공했다. 그렇게 나는 가르치면서 토플이 뭔지, 문법을 어떻게 더 잘 가르칠 수 있는지, 어떻게 하면 리딩 지문을 잘 이해하여 문제를 풀어낼 수 있는지 그리고 어떤 에세이가 좋은 에세이인지 배우게 되었다. 나는 아직까지도 토플 시험을 본 적이 없다. 그러나 내가 가르친 학생들의 토플 점수가 높았으니, 내가 만약 토플 시험을 본다면 적어도 그들만큼은 점수가 나오지 않겠는가? 참 신나게 열정적으로 4년간 일했는데 대학원 졸업 논문 집필에 집중하기 위해 퇴사를 하게 됐다.

돌아보면 그 시절, 나는 공부와 일을 병행하느라 늘 시간에 쫓겼다. 지하철에서, 버스 안에서 쪽잠을 자며 공부했고 그러다 보니 학교 중간·기말고사 때는 정작 내 시험 공부를 못해서 울면서 에세이 첨삭을 하고 수업 준비를 해야 했다.

그러나 그 시절, 그리고 그 친구들이 아직도 내게 너무도 소중하고 아름답게 기억되는 이유는 내 대학 시절 영어 공부하기 위해 고군분투한 결과

물을 이 학생들에게 쏟아부었다 해도 과언이 아니기 때문이다. 나는 헤맸지만 결국 해냈고, 내 방법이 옳았다는 것을 그들을 가르치며 다시 한번 확인했다.

부록

문학과 비문학 질문 리스트

비문학 관련 질문이란?

비문학은 어떤 주제에 관해 정보를 제공하는 글이고, 이를 통해 다양한 배경지식을 쌓을 수 있다. 비문학 책을 읽거나 과목 수업을 하고 난 후에는 관련된 주제를 엮는 것이 필요하다. 예를 들어 에이브러햄 링컨에 대해 배웠다면 노예제도, 미국의 남북전쟁 등을 엮는다. 물의 순환에 대해서 배웠다면 물의 기화, 응축, 강수에 대해 이야기하며 민물(담수)과 바닷물의 차이점과 그 안에서 사는 서로 다른 생물들에 대해서도 배우고, 수질오염의 문제점까지 다룬다. 이 주제들과 관련하여 생각해볼 만한 질문을 던져보면 아이들은 예상 외로 기발한 답변을 잘 해낸다. 게다가 답변하는 와중에 생각의 그물을 확장시키고 발전시키는 기회가 된다.

Q. What would your life be like if you were a plankton whose position is at the very bottom of the ocean food chain?

네가 바다의 먹이사슬의 최하단에 있는 플랑크톤이라면 네 삶은 어떨 것 같아?

A. If I were a plankton, I would be happy because no one can survive without me. Not even a killer whale, which is at the very top of the food chain, can survive. While killer whales might not eat me directly, no krill, no fish, and even no penguin can survive without me. For that, I am going to hop on the killer whale's back and become its friend and enjoy the sun while photosynthesizing whenever it goes up on the surface for breathing.

내가 만약 플랑크톤이라면 나는 기쁠 것 같다. 왜냐하면 내가 없이는 먹이사슬 맨 위에 있는 범고래도 살아남을 수 없으니까. 범고래는 나를 직접 먹지 않을 수 있지만 내가 없으면 크릴도, 물고기도, 펭귄도 살아남기 어렵기 때문에 범고래랑 친구가 되어서 범고래 등에 올라탈 거다. 범고래가 숨 쉬러 수면위로 올라갈 때 따라 올라가서 햇빛을 받고 마음껏 광합성을 할 수 있도록 말이다.

Q. People are physically inferior compared to a killer whale or a lion, but why are they considered to be at the very top of the food chain? What are the reasons? If we did not have weapons or superior intelligence, where would we be in the food chain?

사람들은 범고래나 사자보다 신체적으로는 불리한 조건을 가진 동물인데, 왜 우리는 먹이사슬의 맨 위에 있을까? 그 이유는 무엇일까? / 우리에게 무기나 뛰어난 지능이 없었다면 우리는 먹이사슬의 어디쯤 위치하고 있을까?

A. Humans do not have branchia and that would make us weaker than fish in water. Humans cannot run faster than most animals. Nor do they have sharp teeth or jaws which make them easy preys both on ground and in oceans. In the air, humans do not have wings to fly away from predators. But, humans have higher intelligence than any other animals and they are capable of using tools to solve problems. For example, if a man fights a tiger, everyone knows what will happen, but if that man has a weapon, it is a complete different story. But from time to time, I wonder if humans are using too much power. Even though we are smart, is it ok for humans to be like this?

인간은 아가미도 없고 지느러미도 없어서 바다에서는 물고기보다도 약한 존재가 되었을 거다. 육지에서도 다른 동물들보다 빠르게 뛸 수도 없고, 날카로운 이빨이나 강한 턱을 가지고 있지 않아서 쉽게 공격당했을 거고, 하늘에서도 마찬가지다. 적이 나타나도 날개가 없어서 도망은커녕 꼼짝없이 당할 수밖에 없다. 그러나 인간은 어떤 다른 동물보다 지능이 높아서 도구를 사용해 문제를 잘 해결할 수 있다. 호랑이와 인간이 싸운다면 인간은 말 그대로 한입거리. 하지만 무기가 있다면 이야기가 달라진다. 그런데 나는 가끔 인간이 이런 힘을 너무 과하게 쓰고 있는 것이 아닌지 하는 생각도 든다. 머리가 좋다고 그래도 되는 걸까?

Q. Pretend one day, out of the blue, you have to lose one of your five senses. Pick which one to lose first and then try to think of what kind of difficulties you might have to face. Afterwards, think about what strategies you have to perform to make the most of your life.

어느 날 갑자기, 불행하게도 네가 오감 중 하나를 잃게 되었어. 잃게 되는 감각 하나를 우선 고르고, 너에게 어떤 어려움이 있을지 그리고 너의 삶을 잘 살아가기 위해 어떤 전략을 펼쳐야 할지에 대해서 써보자.

A. If I am to lose one of my five senses, I want that to be a sense of smell. Not being able to see or talk to my loved ones would be very depressing. I might not be able to smell delicious food, lovely flowers, or my favorite person, my mom, but I won't have serious living issues. Not having to smell terrible odor could be a bright side. On the other hand, it could put me in a dangerous situation such as a gas leak because I would not be able to notice. Thankfully, technologies are here to replace my senses and I will take advantage of them to live a safer life.

불행하게도 오감 중 하나를 잃어야 한다면, 후각을 잃는 게 낫겠어. 사랑하는 가족들과 친구들을 보지 못하고, 그들과 이야기를 나눌 수 없다면 정말 너무 슬플 것 같아. 후각을 잃는다면 맛있는 음식 냄새나 꽃향기 그리고 내가 제일 좋아하는 엄마의 냄새를 맡을 순 없겠지만, 먹고 사는 것에는 큰 지장이 없으니까 그나마 괜찮을 것 같아. 그리고 때로는 불쾌한 냄새를 맡지 않아도 되는 건 불행 중 다행이라고 볼 수 있겠지. 다만, 가스가 누출되거나 불이 났을 때 내가 직접 보지 못하면 알 수가 없으니 큰 위험에 처할 수 있어. 다행히 과학이 발전되어서 나 대신 가스 냄새나 화재 위험을 감지해서 알려줄 수 있는 기계가 있으니 그것들을 사용하면 조금 더 안전하게 살 수 있을 것 같아.

Q. Let's send a letter to one of our five senses. Tell this particular sense how thankful you are in that you can live a safe and comfortable life because of it.

우리의 오감 중 하나에게 감사 편지를 써보자. 네가 있어서 내가 얼마나 안전하고, 편안하게 살 수 있는지.

A. Dear my sight, Thank you. As it is spring, verdant baby sprouts are growing and even colorful flowers are beginning to bloom. Yellow, blue and red flowers welcome me wherever I go. I really enjoy reading books and I am so thankful to you because if I did not have sight, it would have been impossible. And despite my lack of skill, I enjoy drawing and this too would have been impossible without you. It is a wonderful feeling of happiness when I look at what I drew. Without you, I would have to use a cane to check what is in front of me, and to get constant help from people or guide dogs. If I had neither one of them, then even a simple stroll would be a huge challenge. I could get hit by a car or fall into a manhole. Worst of all, I would not be able to see the faces of my family and friends. As I have my sight, I know what they are feeling and how they are doing.

시각아, 정말 고맙다. 요즘에는 봄이라서 여기저기 푸릇한 새싹이 돋고 여러 가지 색의 꽃들이 피어나고 있어. 노란색, 파란색, 빨간색의 꽃들이 어디를 가나 나를 보고 반기는 것 같아. 나는 책 읽는 것을 참 좋아하는데, 시각이 없다면 불가능한 일이니까 얼마나 고마운지 몰라. 그리고 그림을 잘 그리지는 못하지만 그림 그리는 걸 좋아하는데, 이것도 시각이 없다면 불가능하겠지. 내 그림을 보고 뿌듯해하는 게 얼마나 기쁜 일인데. 네가 없다면 나는 길을 걸을 때는 지팡이를 사용해서 앞에 어떤 장애물이 있는지 확인해야 하고 옆에 반드시 사람이나 도우미 안내견이 필요할 거야. 만약 그들도 없고 지팡이도 없다면 나는 길을 제대로 걸을 수도 없을 거야. 차에 치일 수도 있고, 맨홀에 빠질 수도 있겠지? 가장 슬픈 건 사랑하는 친구들과 가족들의 얼굴을 볼 수 없다는 거야. 표정을 볼 수 있어야 내 친구가, 내 가족이 어떤 기분인지도 알 수 있을 텐데 말이야.

Musical Instruments(악기)

Q. Try to find an instrument from what is around you but not from what already exists. Then, identify whether it is a string or a wind instrument or a brass wind one. Explain how to play it and how to make varieties of sounds using it.

현존하는 악기 말고 네 주변을 돌아보고 악기가 될 만한 것들을 찾아보자. 그리고 그것이 현악기인지 타악기인지 관악기인지 금관악기인지 말해보고, 그것을 연주하는 방법, 그 악기로 음을 달리하는 방법들을 설명해보자.

Q. Pick an instrument that you can play. Explain how to play it, what it looks like, what type of instrument it is, and from when you began to learn it. Then, describe what kind of music you can play with it and how you feel when you play. Try to bring the instrument next time and play it for us!

연주할 수 있는 악기를 하나 골라보자. 그 악기를 언제부터 배우기 시작했는지, 그 악기는 어떻게 생긴 어떤 종류의 악기인지, 그 악기는 어떻게 연주하는 것인지 설명해보자. 그 악기로 어떤 곡을 연주할 수 있는지, 그 악기를 다룰 때 기분이 어떤 지까지 모두 적어보자.

다음 시간에는 그 악기를 들고 와서 직접 연주도 해보자!

Q. Imagine one day, you suddenly lose the ability to talk. You only have an instrument to communicate with. How will you be able to express your opinions, thoughts, or feelings? How will you express the emotions you feel when you are mad, happy or sad? What about when you want something, when you are hungry, and so on. Explain how you will use that instrument to make sounds that speak out for you.

어느 날 갑자기 너는 말을 할 수 있는 능력을 잃었어. 그리고 네가 가지고 있는 하나의 악기가 있는데, 그것으로만 사람들과 소통을 할 수 있어. 그럼 어떤 방식으로, 어떤 음으로, 너의 매번 달라지는 의사를 전달할 수 있을까? 예를 들면 화가 났을 때는? 기쁠 때는? 슬플 때는? 무엇을 원할 때는? 배가 고프다고 할 때는? 여러 가지 상황에서 그 악기를 사용해서 낼 수 있는 소리와 음을 설명해보자.

Q. Envision yourself as a small water drop. Use your diary and explain the water cycle.

너는 작은 물방울이야. 너의 하루의 일기를 써보면서 물의 순환을 설명해보자.

Q. Picture yourself and the Sun as best friends, but you had a major fallout and the Sun is not sending you high up in the air anymore. What would your life be like?

너는 태양과 아주 친한 친구인데, 그 친구랑 사이가 안 좋아지면서 그 친구가 더 이상 너를 공기 중으로 떠올려주지 않아. 그럼 너의 삶은 어떨까?

Q. Visualize yourself as a water drop. You can be rain, snow, sleet or even hail. How does it feel when you are falling down from the sky? When do you feel the best?

너는 물방울이야. 너는 비가 될 수도, 눈이 될 수도, 진눈깨비가 될 수도, 우박이 될 수도 있지. 너는 어떤 것이 되어 하늘에서 내려올 때 기분이 가장 좋아? 왜?

Q. With no doubt, water is a precious resource, but people fail to recognize the importance of it. Write down why it is so important and the small but crucial efforts people must do to cherish water.

물은 우리에게 아주 소중한 자원이지. 그런데 사람들이 물의 중요성을 잘 모르고 있어. 물이 왜 우리 삶에 중요한지 그리고 물을 아끼고 소중히 여기는 우리의 작은 노력들은 어떤 것일지 적어보자.

Q. Many animals hibernate or move to a warmer place to spend the winter. If you are one of the animals that hibernate through the winter, write down what preparations you will make in the fall, where you will sleep, and what you will do after waking up from hibernation.

많은 동물들은 춥고 긴 겨울을 잘 보내기 위해서 따뜻한 남쪽나라로 이동하기도 하고 긴 겨울잠을 자기도 해. 네가 만약 겨울잠을 자는 동물 중 하나라면 가을부터 어떤 것을 준비할지, 어디에서 겨울잠을 잘지, 겨울잠에서 깨어나서는 어떤 것을 해야 할지 적어보자.

Q. It is spring where beautiful flowers are blooming and the weather is much warmer. However, one of your animal friends, Snake, is not waking up from hibernation. Why is that? What can you do to wake him up?

봄이 되어 날씨가 따뜻해지고 예쁜 꽃들도 많이 피었는데 네 동물 친구 중 하나인 뱀이 겨울잠에서 깨어나지 못하고 있어. 왜 그럴까? 그리고 또 어떻게 하면 그 친구를 깨울 수 있을까?

Q. Imagine that you are a mouse and a mother of cute mice. One of your babies asks you, "Mom, why do we need to sleep all through the winter? I want to play outside". Write down what you would say in this situation.

너는 쥐야. 그리고 귀여운 새끼 쥐들을 키우는 엄마야. 그런데 아가 중 하나가 "엄마, 우리는 왜 겨울잠을 자야 해요? 나는 놀고 싶은데"라고 했어. 그 아이에게 어떤 말을 해주고 싶은지 적어보자.

Q. If all people hibernate throughout the winter, what do you think will happen to the world?

사람들이 모두 겨울잠을 잔다면 이 세상은 어떻게 바뀔까?

Q. Congressmen come up with ideas about bills and they go to the President for approval. After that, they become laws. If you were a congressman, what kind of bill would you want to suggest to the President and why?

국회의원들이 어떤 법안을 생각해내서 대통령에게 허락을 얻으면 그게 곧 법이 되지. 네가 만약 국회의원이라면 대통령에게 어떤 법안을 제안하고 싶어? 왜?

Q. What would a country become if this country did not have a President? Then what is a good President?

대통령이 없으면 어떤 나라가 될까? 그리고 어떤 대통령이 좋은 대통령일까?

Q. Picture yourself as the candidate for the next President. What methods and compelling words should you use to capture the hearts of the public?

너는 대통령 후보야. 네가 장차 어떤 대통령이 될 것이고, 어떤 정책을 펼 것인지 국민들의 마음을 사로잡을만한 설득력 있는 글을 써보자.

Q. Visualize yourself as the President of the South Korea. Write down what you did today in your diary.

너는 지금 대한민국의 대통령이야. 너의 오늘의 일기를 써보자. 오늘 하루 뭘 했니?

문학 관련 질문이란?

문학을 선택할 때는 고전문학과 현대문학을 적절히 섞는 것이 좋다. 문학은 기발한 상상력으로 책 읽기의 흥미와 동심을 자극하고, 인간의 상상력과 공감 능력을 기르는 데도 탁월한 도구다. 문학을 읽고 나서는 비문학과는 달리 특정 등장인물에게 공감하거나 역할을 바꾸어볼 수 있는 질문을 던진다. 남이 되어 생각하는 '역지사지'를 경험하고, 내가 아닌 다른 사람이 되었을 때 그 사람의 상황을 이해하고, 그에 공감하고, 그와는 또 다른 나만의 삶의 기지를 펼쳐, 결론까지 내 맘대로 바꿔볼 수 있는 여지도 생긴다.

누가 요즘 아이들에게 공감 능력이 없다고 했는가? 나는《플랜더스의 개》를 활용한 수업 막바지에서 아이들이 주인공 네로가 너무 불쌍하다고 훌쩍훌쩍 울던 모습을 생생히 기억한다. 그리고 나는 그 순간 문학 수업의 위대함과 당위성을 느꼈다. 네로의 장례식에서 읽어줄 편지를 써보자고 했을 때 아이들이 편지를 쓰면서 눈물을 훔치던 것도 기억한다. 이것은 아이들 내면에 자리 잡고 있는 공감 능력과 타인을 향한 사랑과 배려를 자극함이 틀림없다. 로봇은《플랜더스의 개》의 내용을 요약할 수는 있겠지만 네로를 눈물로, 진심으로 위로할 수 있는 능력이 없다.

문학 작품을 읽고 난 뒤에는, 작품의 배경이 되는 시대 상황이나 굵직한 사건들을 연결하거나, 그 작품의 주제와 관련된 배경지식을 쌓을 수 있는 비문학 주제들을 엮어 질문하는 것이 좋다. 이렇게 하면 배경지식을 자연스럽게 익히는 데 큰 도움이 된다.

The Wolf in Sheep's Clothing
(양의 탈을 쓴 늑대)

Q. Visualize yourself as the sheep in the story. Although you were the first to spot the wolf, the shepherd is nowhere to be seen. You need to warn other sheep friends and run away from the danger. How can you and your friends not get eaten by the wolf?

너는 우리 속에 있던 양이야. 제일 먼저 늑대를 발견했지. 그런데 양치기가 보이지 않아. 다른 양 친구들에게 늑대가 있는 것을 알리고 빨리 위험에서 벗어나야 하는데, 어떻게 하면 늑대에게 잡아먹히지 않을 수 있을까?

Uncle Tom's Cabin
(톰 아저씨의 오두막)

Q. Back in the past, the United States was divided into Northern states and Southern states as they fought over slavery. Pretend you are living in the Southern area where the majority of people are for slavery. Nonetheless, you want to help slaves escape to the North. What can you do to help them?

과거 미국에서는 노예제를 가운데 두고 남과 북으로 나뉘어 전쟁을 하기도 했지. 너는 노예제에 찬성하는 사람들이 많은 미국 남부에 살고 있는데, 노예들이 북쪽으로 갈 수 있게 도와주고 싶어. 어떻게 하면 그들을 잘 도와줄 수 있을까?

Q. Although 'Uncle' Tom sadly passed away, there were many people who helped him. So when Tom went to heaven, he wrote a thank you letter to each person. What do you think was in it? Try to think of yourself as Tom and write letters to them.

톰 아저씨가 비록 슬프게 삶을 마쳤지만, 그 과정에서 그를 도와준 사람들도 있어. 천국에 간 톰 아저씨가 그간 고마웠던 사람들에게 편지를 썼어. 어떤 내용일까? 네가 톰 아저씨라고 생각하고, 그들에게 편지를 써보자.

The Wizard of Oz
(오즈의 마법사)

Q. If you were the Wizard of Oz, what gifts would you want to give to the scarecrow, the lion, the tin man, and Dorothy? What can you do to help them?

네가 만약 오즈라면 허수아비, 사자, 깡통로봇, 도로시에게 어떤 선물을 해주고 싶어? 어떻게 하면 그들을 도와줄 수 있을까?

Q. The scarecrow wanted a brain, the coward lion wanted courage, and the tin man wanted a warm heart. What do you think the most important thing is for people? Is it a brain, courage, or a warm heart?

허수아비는 뇌를 원했고, 겁쟁이 사자는 용기를 원했고, 깡통로봇은 따뜻한 심장(가슴)을 원했어. 사람들에게 가장 중요한 것은 무엇일까? 두뇌일까? 용기일까? 아니면 따뜻한 마음일까? 설명해보자.

Aladdin and the Wonderful Lamp
(알라딘과 요술램프)

Q. Pretend that you found a magic lamp and when you rubbed it, a real Genie appeared. The Genie wants to grant you three wishes. What would that be and why?

네가 요술램프를 발견했어! 램프를 문질렀더니 정말 지니가 나왔어. 그리고 지니가 너한테 세 가지 소원을 물었어. 네 소원은 뭐야? 왜?

Q. Imaging that you are the Genie who was trapped in the lamp for thousands of years before someone rubbed it and got you out. Write down what the life inside the lamp was like and what kind of thought you had.

너는 천 년 동안 램프 안에 갇혀 있던 지니야. 드디어 누군가가 램프를 문질러서 램프에서 탈출하게 되었어! 램프 안에서의 삶이 어땠는지, 무슨 생각을 하며 살았는지 적어보자.

Q. Neanderthals found the vending machine fascinating. Write down three objects that they would find interesting and think about how to explain those things to them.

네안데르탈인들은 자동판매기를 매우 신기해했지. 그들이 신기해할 만한 물건 세 가지를 적어보고, 그들에게 그것들을 어떻게 설명할지 적어보자.

Q. When the Crescent moon rises, Zack goes back to the museum and meets his friends. Today is the day. Imagine you are Zack, and write about your experiences today.

초승달이 뜨는 밤이면 잭은 매달 박물관으로 가서 친구들을 만난다고 해. 오늘이 바로 그 날이야. 초승달이 떴거든. 너는 잭이고, 박물관에 가서 오늘 경험한 일들을 적어보자.

북큐레이션 • 원어민처럼 발음하고 회화하고 싶은 당신을 위한 책.

《영어 공부머리 Change Up》과 읽으면 좋은 책. 영어 때문에 수많은 시행착오를 겪는 사람들을 위한 명쾌한 영어 공부법을 추천합니다.

영어가 트이는 90일 영어 글쓰기

이명애 지음 | 13,800원

듣기, 말하기, 읽기가
저절로 따라오는 최강의 공부법

영어 '쓰기'공부만으로 듣기, 읽기, 말하기까지 정복한 저자가 생생한 공부 경험과 팁을 알려준다. 영작문 공부라고 하면 까다롭게 문법을 따져가며 글을 써야 할 것 같지만 저자의 공부법은 훨씬 간단하다. 잘된 예문을 따라 써보고 조금씩 자신의 언어로 바꾸어가며 꾸준히 90일만 써보는 것이다. 중학교 영어 실력도 없던 저자가 영어 쓰기를 통해 영어의 전 영역을 마스터한 경험을 따라가다 보면 누구나 영어에 대한 자신감을 가질 수 있다. 누구나 쉽게 따라할 수 있는 영어 글쓰기 노하우는 물론 책을 읽고 바로 따라 해볼 수 있는 50일 워크시트까지 담아내 초보 학습자들에게 좋은 길잡이가 될 것이다.

생각머리 영어 독서법

최근주 지음 | 14,000원

리딩부터 라이팅, 리스닝, 스피킹까지
영어 독서로 마스터하는 법!

고등학교 때 영어 울렁증에 걸렸던 저자가 영어 독서로 자기 자신은 물론 두 남매를 영어에 자유로운 아이들로 키워냈을 뿐 아니라 수많은 초등 아이들을 리딩으로 성공시킨 경험을 공개한다. 왜 영어 독서로 영어를 시작해야 하는 지, 어떻게 아이들을 영어책 읽는 아이로 만들고 계속 영어책을 사랑하고 즐 기는 아이로 이끌어갈 수 있는지, 읽기부터 쓰기, 말하기, 듣기까지 다 배울 수 있는 길은 무엇인지를 소개한다. 즐거운 영어 교육 방법을 찾는 엄마들과 영어 선생님들에게 실질적인 도움과 해법을 제시한다.